brigitte hélali et
jean-claude klotchkoff

la guinée équatoriale aujourd'hui

45 pages de photos en couleurs
6 cartes et plans

LES EDITIONS DU
JAGUAR

sommaire

Couverture : *Les longues plages blanches de l'île de Corisco, longtemps appelée « île de l'amour » en raison de la beauté des femmes benga.*

Pages précédentes : *Premier contact avec le pays : dès que l'on arrive à l'hôtel Bahia de Malabo, la vue est magnifique sur les petites îles de la baie.*

Crédit photos :
Brigitte Hélali et Malik Guissé : 14-15, 19, 26-27, 38-39, 86-87, 94-95, 102-103, 110-111, 146-147, 150-151, 154-155, 158-159, 162-163, 166-167, 170-171, 174, 178-179, 182-183, 206-207.
Jeune Afrique/Vincent Fournier : 2-3, 6-7, 10-11, 22-23, 30-31, 58-59, 66-67, 70-71, 74-75, 82-83, 106-107, 114-115, 118-119, 123, 126-127, 134-135, 138-139, 142-143, 186-187, 194-195, 202-203.
Jacana : 34-35, 42b, 43, 46-47, 50-51.
HoaQui/M. Denis-Huot : 42h.
Musée de l'Homme, Paris,
- *B.Boriko* : 90-91 ;
- *M. Delaplanche* : 99.
Réunion des Musées nationaux : 98.

Cartographie : *Edigraphie.*

panorama

site par site

le voyage

panorama

le sol et les hommes

■ Bien connue aux temps de la navigation à voile et à vapeur, la Guinée Equatoriale n'a pas bénéficié aux siècles suivants d'une grande notoriété, à tel point que nos contemporains ont du mal à trouver sur une mappemonde ce petit pays de 28 0521 km², grand à peu près comme la Belgique. Lorsqu'on ne la situe pas en Amérique latine, on a tendance à la confondre avec la Guinée francophone ou la Guinée-Bissau lusophone, en Afrique de l'Ouest.

Pourtant, combien de voyageurs se rendant au Cameroun et gravissant le mont Cameroun ont été attirés, si le temps est clair, par cette île volcanique, flottant au-dessus du golfe de Guinée comme un mirage, et ont retrouvé la même émotion que celle du Portugais Fernando Poo, qui fut le premier navigateur européen à atteindre les côtes de cette île à la fin du XVᵉ siècle ! Avec ses cascades et sa forêt équatoriale dévalant les pentes du volcan, elle lui apparut d'une telle splendeur qu'il la baptisa *Formosa* : « la belle ».

L'île n'est qu'une partie du pays ; sur le continent entre le Gabon et le Cameroun, se trouve le Rio Muni.

L'empreinte de l'Espagne

Après sa découverte par les Portugais, le pays passa de main en main, car les Hollandais, les Anglais et les Espagnols le revendiquèrent. Ce sont en fait les sujets des Rois catholiques qui l'occupèrent le plus longtemps, jusqu'à l'indépendance en 1968.

Leur passage a profondément marqué le pays qui est aujourd'hui le seul Etat d'Afrique noire à parler espagnol dans un environnement anglophone (Nigeria) et surtout francophone (Cameroun, Gabon, Congo et RDC).

Aussi pour sortir de ce relatif isolement, les autorités équato-guinéennes, avec beaucoup de réalisme, ont décidé d'adhérer à la zone franc, aux grands ensembles politico-économiques regroupant les Etats de cette région du monde comme l'UDEAC (Union douanière des Etats d'Afrique centrale) et d'intégrer la langue française dans les programmes scolaires, sans pour autant renier leur héritage espagnol.

Depuis la langue jusqu'à l'architecture, en passant par la religion catholique, tout en Guinée Equatoriale rappelle cette lointaine métropole. Quand on se promène dans Bata ou Malabo, les *calles* – « ruelles » mènent souvent à l'*ayamunto* – « la mairie » – et beaucoup de maisons et d'églises sont construites avec des patios et des balcons de fer forgé dans la plus pure tradition andalouse ou castillane.

D'ailleurs, encore récemment, les fonctionnaires et militaires de haut rang faisaient presque tous leurs études supérieures à Madrid, Salamanque ou Barcelone, où ils retournaient régulièrement pour leurs congés annuels retrouver leur famille, de vieilles connaissances ou faire du shopping. Pour tout Equato-Guinéen, l'Espagne était un point de passage obligé et, aujourd'hui, même si la langue française commence à se tailler une bonne place, l'Hexagone n'a pas supplanté l'Espagne qui maintient toujours un solide cordon ombilical avec son ancienne colonie.

Des îles et un morceau de continent

A la différence de la plupart des Etats africains, la Guinée Equato-

Pages précédentes : *Perchée sur la falaise qui domine la baie, Malabo, capitale de la Guinée Equatoriale, dévoile son architecture andalouse.*

riale n'est pas taillée d'un seul bloc dans le continent. Elle ressemble plutôt aux pièces d'un puzzle jetées dans le golfe de Guinée insérées entre le Cameroun, au nord, et le Gabon, au sud.

Ainsi à plus de 5 000 km à vol d'oiseau de l'Europe et à une trentaine de kilomètres des côtes camerounaises, se déploie l'île de Bioko (ex-Fernando Poo), vaste parallélogramme de 72 km de long sur 35 de large où se trouve Malabo, la capitale.

Plus au sud s'étend la région continentale – ou Rio Muni – entre le sud du Cameroun et le nord du Gabon, un peu au-dessus de l'Equateur. C'est un grand trapèze de 200 km de longueur sur 130 de largeur, dont le littoral sinueux offre de très nombreuses plages.

Dépendant administrativement du Rio Muni, les petits archipels des Elobey (2,46 km^2) et de Corisco (15 km^2) se trouvent à l'extrémité de l'estuaire du Rio Muni au sud. L'île d'Annobon (17 km^2), très excentrée, est située, quant à elle, sous l'Equateur, à 600 km au sud de Malabo et à 355 km au large de Cap Lopez au Gabon.

La dérive des continents

Grâce à la géologie, on sait maintenant que tous les continents ne formaient qu'une seule masse émergée il y plus de 200 millions d'années. Au crétacé (180 millions d'années), ce grand continent se fragmenta en plaques mobiles qui commencèrent à dériver. Ainsi se forma l'Afrique par la séparation du bloc eurasiatique, d'une part et de l'Amérique, d'autre part. A cette lointaine époque, l'Amérique du Sud s'emboîtait parfaitement dans l'Afrique du Sud et centrale, si bien que l'on aurait pu passer à pied sec du Cameroun ou du Rio Muni au Brésil.

A une période plus récente de l'histoire, durant l'ère tertiaire il y a 50 millions d'années, une grande cassure se forma à travers le Tchad et le Cameroun, jusqu'au large des côtes de l'océan Atlantique.

Un pays volcanique

De nombreux volcans apparurent tout le long de la « ligne du Cameroun », aussi bien dans la mer que sur les terres. Ainsi naquit le chapelet d'îles du golfe de Guinée : Bioko, São Tomé, Principe... De tous les volcans, seul reste encore actif le mont Cameroun.

Sur l'île de Bioko, les trois anciens volcans sont aujourd'hui éteints et ont pris la forme de puits aux cratères effondrés, comme celui qui domine Luba, au sud-ouest de l'île, où les touristes sportifs viennent parcourir la Grande Caldera.

Quant au Pico Basile, qui domine Malabo, il donne parfois l'illusion de fumer, mais il ne s'agit que d'une couronne de nuages, qui en auréole presque en permanence son sommet, à 3011 mètres.

La région continentale, Rio Muni, est beaucoup moins accidentée : la petite chaîne montagneuse de Niefang la traverse selon une direction nord-sud culminant aux monts Chocolate (1108 m), Alen (1100 m) et Mitra (1200 m), tandis qu'à l'est pointent les monts Chime (1800 m) et Piedra de Nzas (1200 m).

Véritables châteaux d'eau, les puits volcaniques de l'île de Bioko génèrent une multitude de petits « rios », torrents pluvieux qui

Une force pour la Guinée Equatoriale : la jeunesse de ses habitants ;
ici les enfants devant le palais de la Présidence à Malabo.

dévalent vers la mer à travers l'épaisse végétation équatoriale. Parfois ils tombent à pic sous la forme de belles chutes qu'on commence à utiliser pour l'énergie hydro-électrique.

Au Rio Muni, le plus grand fleuve est le Rio Welle , ou Rio Benito – (300 km), qui coupe en deux la région continentale en coulant d'est en ouest. Il prend sa source au Nord-Gabon, où on l'appelle le Woleu. Deux autres petits fleuves côtiers servent de frontières avec les pays limitrophes : le Ntem au nord avec le Cameroun et le Muni au sud avec le Gabon.

Sur une carte hydrographique de la Guinée Equatoriale, on peut constater les nombreuses ramifications de ces fleuves, dont les innombrables affluents arrosent le territoire du Rio Muni. Traversant la grande forêt équatoriale, ils sont la plupart du temps encombrés d'îlots et de bancs de sable qui empêchent la navigation, au moins jusqu'à l'embouchure ; ce qui, au cours de l'histoire, a limité la pénétration européenne à l'intérieur du pays.

Vers le littoral atlantique, les estuaires et la côte sont envahis par la mangrove, formation végétale typique de l'Afrique tropicale et équatoriale, caractérisée par les palétuviers, petits arbres aux racines en arceaux à moitié immergées.

Un climat équatorial

Rio Muni et surtout l'île de Bioko sont soumis à un climat équatorial humide en toutes saisons, qui se caractérise par des pluies souvent importantes et de violents orages. Ce phénomène de mousson s'explique par la présence dans l'Atlantique, au sud de l'Equateur, de l'anticyclone de Sainte-Hélène (zone de haute pression) qui génère des masses d'air humide remontant vers le nord : les alizés. Ceux-ci réussissent dans cette région à contrecarrer l'influence de l'anticyclone saharien, au nord, qui apporte des vents secs, comme l'harmattan, vers le sud.

Ainsi le climat reste-t-il humide et instable sur toute la côte, du Gabon au Cameroun, en passant par la Guinée Equatoriale et les îles du golfe de Guinée. Il faut cependant noter que la saison des pluies est plus marquée sur l'île de Bioko, particulièrement de début juillet à fin octobre (grande saison des pluies) et de début mars à fin avril (petite saison des pluies). Tandis qu'au Rio Muni, la grande saison des pluies s'étend davantage de février à mai et la petite ne dure que deux mois en octobre et novembre. Selon les météorologues, le sud-ouest de l'île de Bioko, plus particulièrement exposé à la mousson, serait, avec plus de 10 mètres de précipitations par an, l'une des régions les plus pluvieuses du globe.

Une densité très faible

Par comparaison avec ses grands voisins, comme le Nigeria qui compte plus de 100 millions d'habitants, le Cameroun, plus de 10 millions, ou même le Gabon, un peu plus d'un million, la Guinée Equatoriale avec ses 500 000 habitants semble bien peu peuplée. La densité de la population est très faible sur un territoire de 28 052 km^2 : 16 habitants au km^2. Ce faible peuplement s'explique en partie par les nombreux exils durant les « années noires » – 1969-79 – aux temps du dictateur Macias Nguema.

Aujourd'hui une démocratie, la Guinée Equatoriale a vu rentrer certains de ses nationaux réfugiés au Cameroun, au Gabon, ou en Espagne.

Sur ces 500 000 habitants, un tiers environ vit dans les grandes villes, Malabo (45 000 habitants), Bata (60 400) et dans les bourgades comme Baney et Luba sur la partie insulaire ou encore Ebebiyin, poste-frontière entre le Gabon et le Cameroun et Evinayong au cœur de la région continentale. Il faut par ailleurs noter que les neuf dixièmes de la population vivent dans la partie continentale du pays.

Lorsqu'on regarde une carte démographique de la Guinée Equatoriale, on constate que la répartition de la population du pays est équilibrée, l'exode rural n'ayant pas provoqué un déséquilibre alarmant entre villes et brousse.

Pas de mégapoles surpeuplées, avec des banlieues poussant anarchiquement comme on le voit souvent dans des villes africaines comme Lagos, Abidjan, Douala ou Kinshasa, pour ne citer qu'elles. Pas de campagnes désertées, mais une constellation de petits villages et de bourgs, formant une ceinture dans les îles de Bioko et d'Annobon, et un filet aux mailles plus lâches dans le Rio Muni.

L'Afrique des villages

A part Bata ou Malabo qui franchissent la barre des 40 000 habitants, les autres agglomérations ne comptent que quelques centaines à plusieurs milliers d'habitants.

L'ouverture sur la mer n'est pas la seule condition de la croissance urbaine en Guinée Equatoriale. En effet, beaucoup de villes de l'intérieur sont à plusieurs centaines de kilomètres des côtes, mais restent en expansion, car bien situées sur de grands axes routiers, voire à des carrefours comme Niefang, Evinayong, Mongomo ou Ebebiyin. Cette dernière jouissant d'une situation particulière : elle se trouve à la frontière de trois pays – Gabon, Cameroun et Guinée Equatoriale –, ce qui représente un atout pour le développement commercial entre ceux-ci.

Ainsi la Guinée Equatoriale conserve-t-elle cette image de « l'Afrique des villages » qui tend à disparaître dans toute la région.

En majorité des Bantou

A l'exception des Pygmées, la presque totalité des 500 000 Equato-Guinéens sont des Bantou. Sous ce nom qui serait le pluriel de « mu-ntu » (l'homme) sont regroupés une soixantaine de millions d'individus vivant en Afrique centrale, orientale et australe, qui ont une histoire commune ainsi que des langues parlées très proches.

A l'origine, les premiers Bantou seraient vraisemblablement venus du Nigeria ou du bassin du lac Tchad (Nord-Cameroun), puis auraient migré vers l'Afrique australe au début de l'ère chrétienne, en laissant à chaque fois des groupes faire souche dans les régions traversées. Ce sont les Bantou qui fondèrent le royaume du Monomotapa au Zimbabwe, les chefferies zoulou en Afrique du Sud et le royaume du Kongo qui recouvrait l'Angola, le Zaïre et le Congo.

Parmi ces peuples bantou, il faut compter les Fang, largement majoritaires en Guinée Equatoriale. Arrivés par vagues depuis le

Les nombreux rios sillonnent la partie continentale et l'île de Bioko, se frayant un chemin à travers la forêt dense équatoriale.

XIIe siècle, ils ont peuplé petit à petit le sud du Cameroun, la région continentale de la Guinée Equatoriale et la côte du Gabon où le colonisateur français leur a imposé une limite à ne pas dépasser : le cours supérieur de l'Ogooué et de l'Ivindo.

Appelés aussi Pahouin, les Fang de Guinée Equatoriale ont des cousins dans toute l'Afrique centrale, comme les Beti et les Boulou du Cameroun, ou les Betsi, les Maké et les Nzaman du Gabon. Au total, le nombre de Fang vivant en Afrique centrale est estimé aujourd'hui à près d'un million de personnes.

En Guinée Equatoriale, ils sont divisés en deux grandes familles linguistiques : les Fang Okak, dans le sud du Rio Muni et les Fang Ntoumou au nord de la limite formée par le Rio Welle (Benito).

Migration des Fang

D'après la légende, ce sont les premiers Fang qui auraient donné son nom au continent : « Afrique » serait en effet une déformation d'Afiri Cara, nom d'un lointain ancêtre mythique des Fang.

Au cours de leur migration en Guinée Equatoriale, les Fang auraient traversé et essaimé dans la grande forêt, puis atteint les côtes où ils rencontrèrent les Ndowe et Bisio (appelés également Bukeba). Ils se heurtèrent aussi aux commerçants européens qui se servaient des Ndowe comme intermédiaires pour obtenir des esclaves et divers produits de troc.

D'après l'ethnologue français Georges Balandier, la tradition orale situe l'habitat originel des Fang très loin au nord-est. Elle évoque une faune de savanes et des « hommes blancs », maîtres du travail du fer, disposant de chevaux. C'est peut-être pour cette raison que les Blancs (les Européens) furent vénérés lorsqu'ils approchèrent des côtes de la Guinée Equatoriale, du Cameroun et du Gabon, il y a plusieurs siècles.

Une culture mobile

En effet, dans le mythe fang, l'esprit des morts est de couleur blanche, car il a été se réincarner loin, au-delà des mers. Il revient visiter les vivants, une fois devenu riche et puissant, sait guérir, parler plusieurs langues et possède des fusils.

Tout le portrait des Européens, qui seraient peut-être ces ancêtres nantis de pouvoirs surnaturels ! Comme le note Georges Balandier : « L'arrivée dans la région forestière est symbolisée : il est dit que les groupes de migration durent s'insinuer dans un trou de l'arbre nommé " adzap ", qui devint synonyme de force physique et spirituelle. Les Fang tirent orgueil de ces origines lointaines, ils y ont trouvé une raison de supériorité et un moyen de justifier leur suprématie. Ils ont imposé la guerre " oban " et l'ont mise au service de leurs intérêts économiques, accaparant les points et les circuits de traite. »

Pour les peuples voisins, les Fang étaient terrifiants. Selon les premiers explorateurs, ils étaient vigoureux et dépourvus « des vices des tribus côtières ». Pour les Européens, ils restent les inventeurs d'une des formes les plus prestigieuses de la sculpture noire. Leur société et leur culture ont été adaptées à leur mobilité. La première liée au territoire qui la porte dépend essentiellement des rapports claniques et lignagers et des relations que la parenté instaure.

C'est une société « transportable » faite pour la guerre qui confère une position privilégiée à l'homme pleinement viril. Les associations y ont leur place : celle que l'initiation constitue en liaison avec le culte des ancêtres *biere*, celle que la thérapeutique sociale requiert dans les moments de crise « ngui », celles que suscitent les pratiques insidieuses des sorciers « boyem ».

En ce qui concerne l'organisation sociale, la société fang est organisée en clans et lignages. Patrilinéaire, la descendance s'effectue par les hommes, d'où l'importance du père, de l'oncle paternel et du fils aîné.

De très nombreux clans divisent ce peuple. Chez les Fang Ntoumou au nord du Rio Muni, on ne dénombre pas moins d'une cinquantaine de tribus principales, dont les Esangui, de la région de Mongomo, les Amvon, les Esakora, les Maban, les Oyek, les Nsomo, les Ncodjeñ, les Obuc, les Esawong…

Des associations secrètes

Outre cette division en tribus et lignages, ces sociétés sont organisées en associations ou confréries initiatiques, comme chez la plupart des peuples africains, à but essentiellement thérapeutique et judiciaire. Comme le souligne un ethnologue, « il n'était pas en Afrique d'associations qui ne reposent sur une base religieuse, il n'en était guère dont l'accès ne soit commandé par une initiation de quelque sorte. Et tout naturellement leur cohésion, leur influence ou leur puissance sur ceux qui n'en faisaient pas partie étaient liés à la possession de connaissances particulières jalousement gardées et protégées par le secret.

Toutes faisaient donc penser par quelque aspect à des sociétés secrètes. Mais communément, on ne dénomme ainsi que les associations qui utilisaient la crainte qu'elles inspiraient aux non-initiés, comme une arme pour s'assurer le pouvoir, y participer, faire pression ou maintenir l'ordre. Beaucoup de ces sociétés secrètes étaient officielles jouant un rôle de justice et de police. Certaines étaient clandestines, parfois maléfiques, servant alors des intérêts particuliers ou des vengeances.

Leurs manifestations extérieures avaient donc lieu soit dans des circonstances précises, selon une ordonnance minutieusement réglée, soit pour les secondes de manière imprévisible et d'autant plus redoutable.

Toutes ces sociétés, par leurs manifestations publiques impressionnantes, par le respect ou la crainte qu'elles inspiraient aux femmes et aux enfants, par les sanctions qu'elles pouvaient infliger, permettaient aux hommes d'affirmer leur position dominante dans le groupe. Dans certaines d'entre elles se dessinent les aspects les plus spectaculaires, plus mystérieux aussi qui caractérisent les sociétés secrètes où on entre par adhésion volontaire, par statut, par vocation ou par l'effet d'une coopération. »

Les rituels d'initiation

C'est surtout dans la forêt de Guinée Equatoriale et d'Afrique centrale que ces sociétés secrètes sélectives et spécialisées ont proliféré.

Elles se manifestent surtout la nuit sous le couvert de masques et

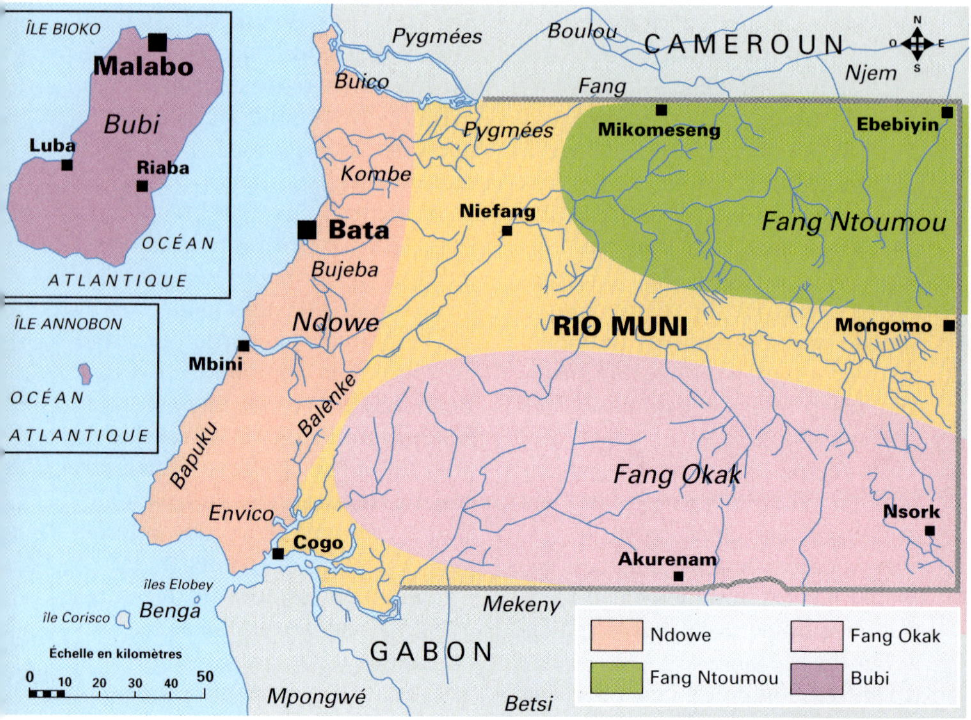

En haut, la carte des différentes ethnies de Guinée Equatoriale.
Ci-dessus : habitat traditionnel des villages de l'île de Bioko.

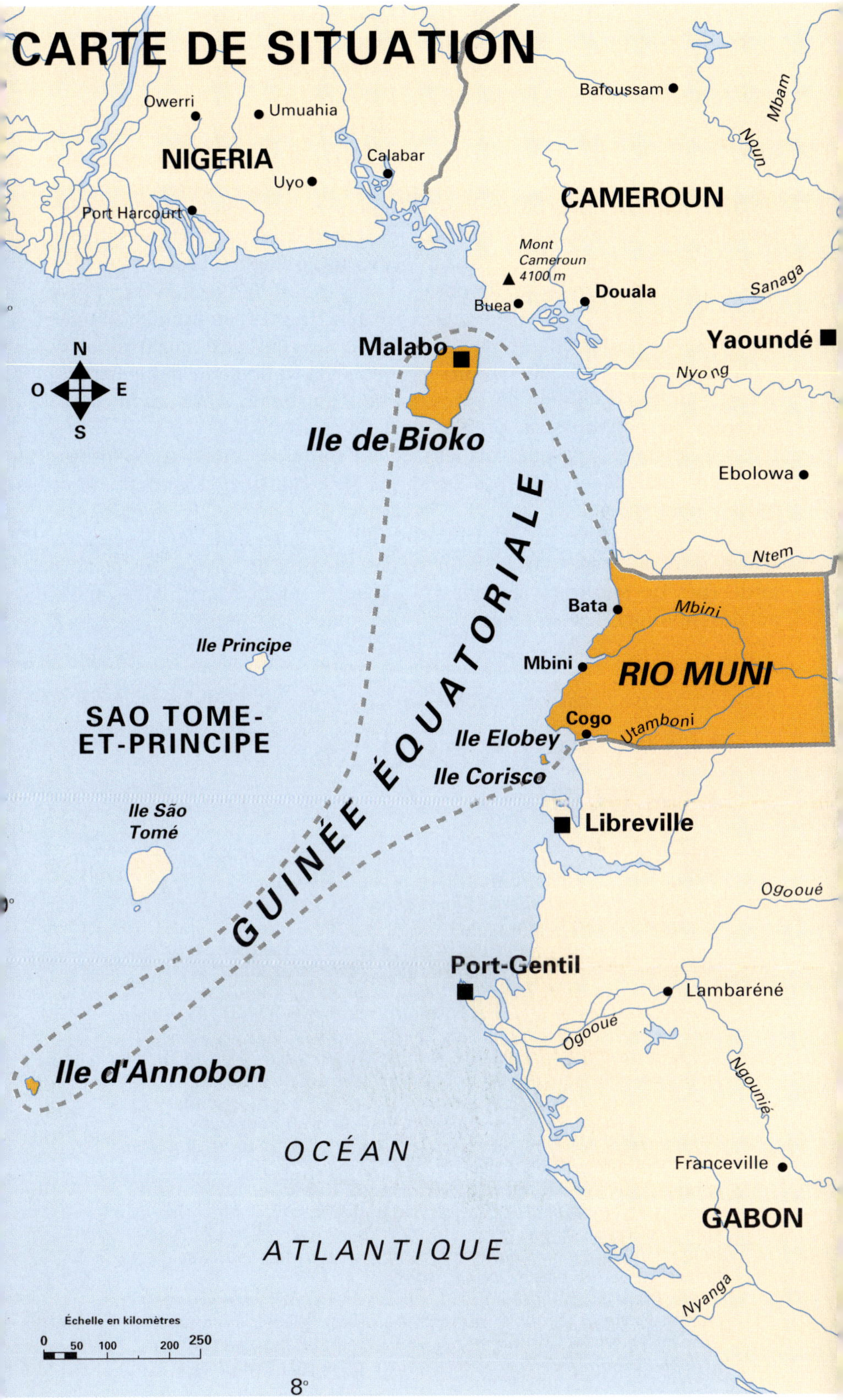

La situation de la Guinée Equatoriale dans le golfe de Guinée.

de vêtements cachant tout le corps. Elles sont précédées par le rugissement du rhombe et s'expriment d'une voix déformée par des mirlitons. C'est à peu près de cette manière que devait se manifester le rituel du « ngui » par la confrérie traditionnelle fang chargée de protéger ses membres contre les sorciers, ou tout du moins c'est ce qu'on peut préjuger à partir des rares témoignages recueillis par les voyageurs et les ethnologues.

Cette confrérie secrète était dirigée par un grand initié et les cérémonies, où apparaissent problablement les longs masques blancs du ngui, étaient réglées par un ordonnateur spécialisé.

Toute une série d'interdits devait être observée par le futur initié (pas de relations sexuelles, ne pas nommer les serpents par leur nom, ne pas regarder la lune...). Il subissait ensuite de nombreuses épreuves comme l'absorption d'un breuvage pouvant servir d'antidote et d'ordalie, la traversée d'un tunnel où il était copieusement rossé. Après ces épreuves, le nouvel initié était fêté en grande pompe dans son village.

Contrairement à l'idée reçue, les Fang sont monothéistes : ils croient en effet en un dieu unique et se servent des ancêtres, auxquels ils vouent un culte par les rites du biere, comme intermédiaires.

Ce culte des morts se manifeste par des sacrifices d'animaux dont le sang va arroser les boîtes-reliquaires, contenant les ossements des ancêtres et surmontées parfois de têtes en bois sculptées ou de statuettes. Des danses et la sortie

L'ART DE LA PARURE DES BUBI

L'art de la parure des Boobies *(aujourd'hui Bubi) de l'île de Bioko est souvent décrite par les visiteurs. Voici ce qu'en dit le docteur Louis Thiercelin dans son* Journal d'un baleinier *en 1863 :*

« Un chapeau me frappa pourtant par une singularité plutôt que par sa prétention à l'élégance. Tout simple, tout uni, il était entouré d'une large bande de peau d'antilope. Celui qui le portait, un homme d'une quarantaine d'années était venu comme tous ses concitoyens pour vendre des ignames et ses ignames vendues ou plutôt échangées, il quitta l'assemblée sans bruit, sans avoir cherché à s'approcher des étrangers, à lier connaissance avec eux. Pourtant cet homme était le roi du district, et la bande de peau d'antilope était sa couronne. A l'encontre de tous les rois sauvages que j'avais connus, il n'était venu mendier ni nos respects ni nos cadeaux. Je regrettai d'avoir coudoyé sans le savoir une puissance de l'île, j'aurais du moins tenté de le complimenter sur sa modestie. Certes le cher sire ne s'en faisait pas trop accroire, il était tout aussi débonnaire que le roi d'Ivetot et sa couronne n'était pas plus prétentieuse que le bonnet de coton chanté par Béranger.

Le costume est complété par des bracelets et des jarretières composés de petits morceaux de coquillage blancs, bien taillés, bien polis, rappelant des perles enfilées en chapelets. Ces ornements sont pour leur propriétaire d'un très grand prix,

des masques blancs « ngontang » à une ou plusieurs faces, avaient également lieu lors des cérémonies du biere.

Par ailleurs, les Fang vénéraient aussi les génies de la terre et de l'eau. Il faut noter qu'après l'expansion de la religion catholique par les missions espagnoles, la plupart de ces rites animistes ont considérablement reculé, et les masques sortent surtout à l'occasion de fêtes folkloriques ou lors de la visite des autorités.

Les Bubi, peuple de l'igname

Autre grand peuple de la Guinée Equatoriale : les Bubi qui vivent aujourd'hui essentiellement dans l'île de Bioko. Ce sont certainement les premiers occupants de l'île, comme en témoignent certains vestiges trouvés par des archéologues : tessons de poterie, outils de pierre, houes et disques de coquillage qui permettent d'esquisser une chronologie du Ve au XIXe siècle, et plusieurs étages archéologiques : le Carboneras, le Boloapi, le Buela et le Balombe.

Probablement originaires du Cameroun, les Bubi sont des Bantou et auraient appartenu à la « civilisation de l'igname » qui s'est développée aux temps préhistoriques dans le bassin du lac Tchad. Aujourd'hui encore, l'igname reste la base de l'alimentation des Bubi, qui fêtent cette racine lors du « roomo » chaque année.

D'après la tradition orale, l'ancêtre de tous les Bubi serait un

ils servent de monnaie ; chacun porte son trésor sur lui et ne s'en défait que dans les occasions les plus critiques ou les plus solennelles.
A la partie supérieure du bras gauche, chaque homme porte une petite lanière de peau serrée de manière à produire un sillon profond dans les muscles. Entre les téguments et cette courroie est passé un couteau pointu, mal aiguisé et dont le manche est grossièrement taillé. Enfin si nous joignons à ce qui précède, un petit collier en fibres de palmier auquel est suspendue une amulette composée de brins d'herbes consacrées par le féticheur, nous aurons le costume complet.
On pourrait cependant y joindre encore les armes que le Booby porte constamment avec lui et avec lesquelles il couche, comme nous couchons avec notre chemise. L'arme actuelle est un long fusil anglais, rouillé, à mauvaise batterie, dangereux surtout pour celui qui tire. L'arme nationale était un javelot garni à une extrémité d'une tresse en palmier et très pointu à l'autre. Ce javelot en bois noir, très dur, devait être à coup sûr plus terrible que le fusil surtout quand on savait le lancer avec force et justesse. Il pouvait du moins servir en toutes circonstances tandis qu'il faut charger le fusil pour le rendre offensif. Quelques jeunes gens portent encore le javelot, d'autres tiennent au contraire constamment à la main un sabre grossier à manche en bois, de fabrication anglaise. Ces sabres semblables à nos anciens " coupe-choux " paraissent surtout destinés à couper le bois, préparer les aliments et remplacer les outils qui leur font défaut. »

CERAMICAS RVIZ DE LVNA.
TALAVERA.

Sur ces azulejos qui décorent les bancs publics autour du palais de la Présidence, un hommage à la nature et à la vie quotidienne.

certain Boboricho. Cette même tradition fait également mention de Muameto, roi légendaire qui aurait dirigé les migrations bubi du Cameroun dans l'île de Bioko jusqu'au XVe siècle. D'après certains vieux Bubi, ce peuple aurait fui les Fang lors de leur migration dans toute l'Afrique centrale.

Jusqu'à l'arrivée des Portugais, les Bubi ne semblent pas avoir eu connaisance de la métallurgie. Ils utilisaient essentiellement la pierre pour en faire des haches, la terre cuite et le bois.

Leur société n'était pas fortement hiérarchisée : elle comprenait sur un même niveau social des agriculteurs, des chasseurs, des pêcheurs et des récoltants de vin de palme.

Un chef suprême

Il existait aussi des notables ainsi que des domestiques et tous obéissaient à un chef suprême, le « *botoku moriche* », qui disposait d'une petite armée pour faire régner l'ordre. D'après les navigateurs européens qui touchèrent les côtes de l'île, le roi résidait dans un cratère près de Riaba.

Le plus célèbre et le plus admiré par les Européens fut le roi Moka (1794-1898), car il a été le seul chef à avoir instauré l'ordre et l'unité dans la communauté bubi.

En effet, avant son avènement, l'île était constamment en proie à des guerres intestines. Elles prirent fin sous son règne, car il institua tout un système d'arbitrage et un véritable code pénal.

Dans le cas d'un meurtre, par exemple, le criminel était rapidement jugé et puni. S'il s'enfuyait et n'était pas rattrapé, tout son village était mis à l'amende et devait payer en nature : « chèvres, tabac pour la valeur de 16 livres sterling », comme le note un voyageur du siècle dernier. Et d'ajouter, « le vol est extrêmement rare ainsi que les atteintes aux bonnes mœurs.

Dans ce domaine, les Bubi affichent une morale très stricte : dès l'enfance, les petits Bubi sont tenus de faire chambre à part. A l'âge adulte, les personnes coupables d'adultère sont très sévèrement châtiées. Autrefois, on allait même jusqu'à leur couper les mains. Moi-même, j'ai vu à Fernando Poo, des femmes amputées ».

Le feu sacré de Moka

De religion animiste, les Bubi croyaient au grand esprit O Wassa, qui résidait dans le cratère du Pico Basile, dominant l'actuelle capitale Malabo, ainsi qu'aux esprits secondaires, Lobé et Uapa.

Selon l'ethnologue allemand Baumann, ce dernier esprit vit dans un lac difficile à atteindre près de Riaba. Ce n'est seulement qu'à la saison sèche et avec l'aide d'échelles de corde que les Bubi pouvaient honorer ce dieu particulièrement vénéré car, en échange de quelques sacrifices d'animaux, il leur révélait l'avenir.

Baumann cite également un esprit vivant à Banni, dans une grotte sous-marine uniquement accessible à marée basse.

Tout un clergé entretenait un feu sacré sur les hauteurs de Moka jusqu'à la mort du grand prêtre « mote » en 1909, et faisait des sacrifices à tous ces génies de la nature.

Quant à la pratique religieuse des Bubi, elle commençait dès le plus jeune âge. A la naissance, le petit Bubi recevait un nom provisoire qui était échangé par la suite lors de l'initiation, il entrait alors dans une société secrète dont le langage était réservé aux seuls initiés. Vers trois à cinq ans, les enfants bubi rencontraient un féticheur pour y recevoir les scarifications rituelles sur le visage. Ces cicatrices couraient de la racine du nez jusqu'au milieu des joues et parfois s'incurvaient sur le front.

Si le tatouage, au sens propre du terme, n'était pas très usité chez les Bubi, en revanche, ils recouraient largement à la peinture corporelle, notamment la couleur rouge obtenue en brûlant des herbes mélangées avec de l'huile de palme, ou le jaune dont ils s'ornaient la poitrine d'une large bande.

Certains Bubi portaient des bracelets d'herbe qui leur servaient de gris-gris, car fabriqués près du lac sacré où résidait le dieu Lobé.

Des danses rituelles

Mais la plupart arborait ces fameux couvre-chefs de toutes formes qui impressionnèrent tant les visiteurs, ainsi que tout un ensemble de boucles d'oreilles, de colliers, de bracelets et de ceintures d'ivoire et de coquillages, de plumes ou de peaux de bêtes portées pour leur valeur décorative, mais aussi pour leurs pouvoirs magiques.

A la fois musiciens et danseurs, les Bubi ménagaient toujours un emplacement au milieu du village pour y organiser de grandes cérémonies.

Aujourd'hui, on peut quelquefois assister, lors de visites officielles et au cours de fêtes légales, à des spectacles de danses comme le ballet des petites filles de Bisilia à Rebola. Mais ces spectacles ont perdu leur caractère sacré et font dorénavant partie du folklore profane du pays.

D'importantes cérémonies avaient également lieu lors des funérailles. A cette occasion, le défunt était souvent enterré dans la forêt avec seulement la tête dépassant du sol. Ou bien il était entièrement inhumé et sa tombe couverte d'un tas de pierres pour signaler sa présence.

Avec l'arrivée des premiers missionnaires, les Bubi se sont progressivement convertis au christianisme. C'est en l'honneur des chefs bubi que l'on débaptisa l'île Fernando Poo et que l'on lui donna le nom de Bioko, conseiller du roi Moka au XIXe siècle. Quant à la capitale Malabo, elle porte le nom d'un roi qui succéda à Moka.

D'un naturel plutôt farouche

Comme la plupart des peuples africains de la région, les Bubi, craignant à juste titre d'être razziés par les négriers, faisaient preuve d'un naturel particulièrement farouche, comme en témoignent de nombreux voyageurs.

Ainsi cette anecdote rapportée par un Britannique au XIXe siècle : « Un prêtre catholique de Ka Kongo me raconta cette histoire survenue à l'un de ses collègues. Celui-ci s'était installé un soir dans un petit village bubi, avec la ferme intention de passer sa vie à convertir la population locale. Le matin suivant quand il se leva, il se retrouva tout seul : les Bubi avaient déguerpi et s'étaient évanouis dans la nature, emportant tous leurs biens pour aller reconstruire un village ailleurs ! Le père passa un peu de temps à fouiller la forêt aux alentours, mais en vain. Il rentra en

WELCOME
BIENVENUE

La place de la Femme à l'entrée de Malabo, inaugurée lors du dernier congrès de la CEMAC, en juin 1999.

ville, outré et persuadé que le Créateur, pour un motif inconnu, avait abandonné les Bubi au diable ! »

Une méfiance instinctive

Les Bubi ne témoignaient pas seulement de la méfiance à l'égard des religieux, mais aussi à toutes les formes de rapports qui pourraient être établis avec les Européens.

« Ils montrent un manque total d'enthousiasme à l'égard du commerce, note un navigateur au XIXe siècle.

Les Bubi se contentent d'acheter un peu de rhum et quelques bricoles. Trop pressés de retourner dans la forêt pour chasser le porc-épic ou les petites gazelles, et s'il leur reste un peu de temps, ils préfèrent le consacrer à se bâtir une maison ou à se confectionner des chapeaux.

C'est donc très occasionnellement qu'ils prennent un tout petit peu de leur temps pour fabriquer de l'huile de palme afin de la troquer avec les marchands de la ville. Il ne cherchent pas à acquérir des vêtements car ils les abhorrent.

Aussi lorsque vous sortez de Clarence Bay [Malabo], vous trouvez des Bubi ostentoirement nus. Bien sûr, les autorités espagnoles insistent auprès des Bubi qui viennent en ville pour qu'ils portent un vêtement.

C'est ce qu'ils font, en s'enveloppant dans un morceau de tissu en coton. Mais dès qu'ils sont hors de la ville, sur le chemin du retour, ils s'empressent de jeter leur étoffe au fond d'un panier, démontrant par là, aussi bien que dans d'autres domaines, qu'ils sont imperméables à la culture des Blancs.

Non que le Bubi soit d'une apparence négligée, à sa manière c'est un *dandy*, mais sa façon d'être élégant tient à la couche d'épaisse pommade dont il recouvre son corps et à son chapeau. Celui-ci peut être un ancien chapeau européen ou une sorte de turban confectionné dans un mouchoir. Mais la plupart du temps, il est fabriqué avec des feuilles de palmes et revêt ainsi un très grand nombre de formes répondant ainsi à tous les goûts. »

Les Ndowe et les Fernandinos

Peuple minoritaire, les Ndowe sont peut-être arrivés au Rio Muni avec les Fang, aux XIIe et XIIIe siècles. Ils en occupèrent la côte, ce qui leur a valu d'être surnommés les *playeros*, « ceux de la plage ». De nombreuses ethnies font partie des Ndowe : les Kombe et les Bukeba au nord de Bata. Les Bapuku, les Balenke, les Enviko et les Benga au sud du Rio Muni.

L'organisation sociale des Ndowe ressemble à celle des Fang et se hiérarchise en familles, villages, lignages et tribus. C'est en 1873 que le roi des Benga, Bonkoro Ier signa un traité d'allégeance avec l'Espagne. Il plaçait ainsi sous sa tutelle tous les territoires compris entre le Rio Muni et le cap Santa Clara au Gabon.

Quant aux Fernandinos ou Créoles, ce sont les descendants métissés de Libériens et de Sierra-Léonais, venus au cours des siècles travailler dans les plantations de l'île de Bioko. Ils ont très rapidement formé une grosse bourgeoisie de propriétaires terriens, de professions libérales et de commerçants qui vécut longtemps dans la capitale.

La forêt des Pygmées

Premiers habitants de l'Afrique, les Pygmées vivent par petits groupes dans la forêt équatoriale, dans des campements temporaires de trente à cinquante personnes, au nord du Rio Muni, à la frontière du Cameroun et au sud-est de la région continentale.

En Guinée Equatoriale, ils sont appelés Bayele et Bokui. Les villages sont formés de huttes circulaires confectionnées de feuillages et entourent un feu au milieu d'une clairière.

Ignorant la hiérarchie et la guerre, les Pygmées aiment à se réunir lors du bivouac pour danser et chanter avec beaucoup de talent. (Plusieurs disques ont été enregistrés et font mieux connaître, en Europe, leurs chœurs polyphoniques qui se répondent en écho dans la forêt.)

Des nomades guérisseurs

Ils s'adonnent essentiellement à la chasse et à la cueillette (racines, baies sauvages, miel, chenilles), car ils ignorent toujours l'agriculture, la poterie et la métallurgie. Certains d'entre eux ont été enrôlés dans les exploitations forestières, mais ils supportent mal la vie sédentaire, abusent de l'alcool et mènent alors une existence misérable, jusqu'à ce qu'ils abandonnent le travail pour rejoindre la forêt, retrouvant ainsi les joies et les épreuves de la vie nomade.

Ecologistes avant la lettre, ils n'épuisent jamais les terrains de chasse sur lesquels ils bâtissent leurs campements provisoires. Pour remercier les esprits, maîtres de la forêt, les Pygmées organisent de grandes cérémonies. Par ailleurs, ils sont craints par les autres populations qui savent combien ils maîtrisent les forces obscures du monde. Leurs pouvoirs de guérisseurs sont très appréciés et on vient de très loin pour obtenir une consultation.

Une de leurs thérapeutiques présente un aspect très insolite : ils marchent sur la braise du foyer et appliquent leur plante des pieds brûlante sur la partie malade du corps du patient !

La chasse à l'éléphant

La chasse à la battue pratiquée par ces petits hommes est également spectaculaire. Ils accrochent au pied des arbres de longs filets qui, une fois tendus, formeront un mur invisible.

Puis ils se mettent en ligne et font un grand vacarme pour rabattre le gibier. C'est ainsi qu'ils prennent des petites antilopes, des pangolins, des singes et des potamochères.

Lorsqu'ils ne chassent pas en groupe, les Pygmées se servent de pièges, de sagaies et d'arbalètes pour tuer des oiseaux et divers petits animaux. Grâce à la magie qui leur donne des pouvoirs surnaturels, ils n'hésitent pas à s'attaquer aux buffles sauvages et aux éléphants.

Avec une folle témérité, ils rampent jusqu'à passer sous le ventre des pachydermes qu'ils perforent d'un coup de sagaie. Ils pêchent également au harpon dans les rivières et les marigots, tandis que les femmes et les enfants se consacrent à la récolte des baies sauvages et des chenilles.

BS-010-A
BS-268-A

Derrière les arcades des bâtisses de style colonial de Malabo se tiennent les boutiques d'alimentation, restaurants et salons de coiffure.

la faune et la flore

■ Le climat particulièrement humide de la Guinée Equatoriale est propice au développement d'une flore abondante et exubérante. La grande forêt équatoriale, plus de dix fois la superficie de la France, est un des trois grands poumons verts de notre planète, avec celle du bassin du Congo à laquelle vient se rattacher la forêt du Gabon et du Sud-Cameroun et celle d'Amazonie.

Une bonne partie de cette grande « tache verte » africaine appartient à la forêt primaire qui, contrairement à l'idée reçue, n'est pas formée d'une végétation inextricable qui la rendrait impénétrable comme le laissaient croire les films et romans d'aventure évoquant la forêt vierge. En fait, c'est plutôt une forêt-cathédrale assez facile d'accès.

« On y marche sur un sol dégagé, compact sans épines, écrit le naturaliste André Brosset. Les arbustes du sous-bois sont clairsemés et n'oblitèrent pas la vue. Çà et là s'élèvent les fûts verticaux des géants de la forêt. Certains s'appuient sur de puissants contreforts qui lancent dans toutes les directions des lames ligneuses verticales. Mais cela ne gêne guère la progression, pas davantage que les troncs pourris, gisants que les termites font rapidement disparaître. C'est seulement dans les zones de défrichement où la végétation repart au niveau du sol que l'homme doit se frayer un chemin à la machette dans les brousses épaisses. »

Ce climat équatorial qui entretient une humidité constante tout au long de l'année est le principal responsable de l'éclatement de cette forêt *sempervirente*, c'est à dire dont les feuilles sont continuellement vertes, étant remplacées à mesure qu'elles tombent.

En Guinée Equatoriale, les naturalistes étudient ce milieu naturel complexe et son écosystème, dont ils découvrent maintenant la très grande richesse et l'infinie diversité des espèces végétales et animales.

Les barbes de Saint-Antoine

Ce n'est pas par hasard si l'emblème de la Guinée Equatoriale est un fromager « ceiba », arbre gigantesque qui peut dépasser 30 à 40 m. En effet, bien que la forêt soit passablement défrichée pour en extraire les essences commerciales, comme l'okoumé, l'ébène, l'acajou ou pour créer des plantations villageoises, la grande forêt équatoriale couvre encore la quasi-totalité du pays.

Même le littoral maritime est envahi par un type de forêt adapté au milieu aquatique : la mangrove formée de palétuviers, arbres de taille moyenne dont les racines plongent dans l'eau en de grands cerceaux. Sur l'île de Bioko, la forêt primaire tend à être remplacée par des arbres fruitiers et des cacaoyers mêlés aux bananiers. Mais l'aspect de ces plantations en raison de la densité du feuillage et du peu de lumière qu'il laisse filtrer présente le même aspect que la forêt dense.

Seuls les sommets des anciens volcans se dénudent et on y voit apparaître des fougères arborescentes et des ajoncs, ainsi que ces curieuses barbes de « Saint-Antoine », lichens aux allures de filasse qui donnent un air lugubre au paysage surtout par temps de brouillard.

Au Rio Muni, la forêt équatoriale primaire forme de grandes taches vertes sur tout le territoire, en particulier au nord où elle rejoint la forêt camerounaise, au centre, le long du rio Welle (Benito) et au sud-est où elle se poursuit au-delà de la frontière gabonaise.

Elle se transforme en forêt secondaire ou laisse la place aux plantations et aux savanes autour de villes et agglomérations comme Bata et Mbini sur la côte atlantique, Niefang au centre, Ebebiyin et Mongomo à l'est et Akurenam au sud-est.

Entre la forêt primaire, la forêt secondaire et les terres défrichées se développent généralement des zones de végétation intermédiaires qu'on appelle « mosaïque forêt-savane ».

La forêt continentale

Ce sont soit des forêts-galeries s'allongeant le long des cours d'eau, soit des pans de forêts isolés dans les clairières défrichées, soit encore une ceinture d'arbrisseaux et d'arbustes.

Comme l'écrit la naturaliste Leslie Brown : « Je ne pense pas que quelqu'un ait évalué un jour le poids de toute cette végétation qui se trouve sur un hectare de forêt tropicale, mais je suis certaine qu'elle représente la plus grande productivité végétale de la terre entière.

Un seul petit arbre de forêt pèse plus que les quatre à cinq tonnes d'herbes produites par hectare dans une savane tropicale.

Mais à l'inverse des prairies, la plus grande partie de cette végétation n'est pas comestible pour deux raisons. La première c'est qu'il s'agit surtout de bois dur : un arbre sain se protège lui-même contre les insectes qui creusent le bois.

La deuxième, c'est que presque toute cette végétation est inaccessible aux grands mammifères ongulés, car hors de leur atteinte de 10 à 60 mètres au-dessus du sol. »

Une végétation à étages

A la différence des forêts d'Europe, la forêt équatoriale possède une extraordinaire variété d'essences. Il est rare que deux arbres voisins appartiennent à la même espèce.

Néanmoins il existe des secteurs où deux ou trois variétés sont prépondérantes, en particulier celles recherchées par les exploitants forestiers comme l'okoumé, l'ébène, l'acajou.

Ces forêts possèdent plusieurs étages de végétation s'ajoutant aux arbres géants dont les frondaisons forment la canopée et où l'on trouve des essences de taille plus petite à l'entresol. Au sol, ce sont les souches d'arbres ainsi que les arbustes.

Ces différents étages sont reliés par un inextricable lacis de plantes et de lianes grimpantes, tandis que les branches hautes des arbres supportent d'innombrables épiphytes, plantes qui n'ont aucun contact avec le sol, dont les plus appréciées par les fleuristes sont les orchidées.

Compte tenu de l'énorme diversité de ces plantes forestières et de la difficulté de vivre dans ce milieu particulier, il n'existe pas encore d'inventaire exhaustif de toute la botanique, alors qu'un travail important est en train de s'accomplir dans le domaine de la faune.

Les essences qu'on trouve le plus couramment sont l'iroko, l'*elaeis* (palmier à huile) le sipo, le sapelli, le palissandre, l'acajou, l'okoumé, les ébéniers, le fromager, les parasoliers à larges feuilles.

Au « premier étage » de la forêt équatoriale,
les fougères arborescentes recouvrent le flanc des volcans.

Un monde oppressant et grouillant de vie

Au cœur de la forêt, les Pygmées, les chasseurs et les forestiers sont les seuls êtres humains à oser circuler. Les autres se contentant de la défricher pour s'installer dans des clairières artificielles.

Dans la forêt c'est un monde oppressant et moite qui s'ouvre au néophyte qui doit pouvoir s'habituer à la semi-pénombre causée par la lumière qui a du mal à filtrer à travers l'épaisse voûte des arbres. Cette canopée crée en fait une frontière quasi-étanche entre plusieurs modes d'existence et entre plusieurs espèces animales et florales.

Au rez-de-chaussée grouillent les termites qui font office « d'éboueurs », dévorant tout ce qui jonche le sol : souches d'arbres et débris végétaux. Puis grimpant vers les cîmes, on trouve des lianes et diverses plantes parasites. Tout en haut à ciel découvert, la canopée, habitat privilégié d'une large palette de petits oiseaux multicolores et bruyants. D'accès difficile car les arbres possèdent en général des troncs lisses sans branches basses, ces frondaisons sont très méconnues.

C'est pour cette raison que des scientifiques et des naturalistes ont expérimenté des moyens très ingénieux pour étudier le toit des forêts, utilisant des ballons dirigeables pour se déplacer au ras des arbres. Ils repèrent un site approprié et y posent une sorte de nid fait de grands filets maintenus ouverts par des boudins de caoutchouc gonflable. Cette structure

L'EXUBÉRANCE DE LA NATURE

« Voici, sur pied, depuis l'ébène jusqu'au bois de rose, toutes ces essences précieuses que je ne connaissais que transformées en cabinets, en secrétaires Louis XV, après quels avatars occidentaux ? La sève circule à des pressions inconnues et d'une branche coupée, n'est-elle pas prête à jaillir comme le sang hors d'une carotide tranchée ? Elle suinte, sève huileuse, poisseuse et riche.
Dans la grande forêt, gommes, vernis, copals, guttaperchas, résines, laques, sanies végétales, laitances empoisonnées. Tout pleure, coule, exsude : un gui visqueux colle aux arbres. Les banyans, avec leurs racines en contrefort sont des piliers de cloître qui, cassés par l'ogive, s'abaisseraient pour pousser, toujours condamnés à renaître, chacun résistant aux précipices, au dévalement de la montagne, attachés à l'autre par des lianes. Camphriers, arbre à cinamme, à fruits mousseux comme des savons, tous ces fûts sont habités par des parasites monstrueux, des fruits gicleurs, des plantes à gourdes, des mousses à reflets métalliques alourdis de champignons qui font, en leurs fongosités, allusion à des choses impossibles.
Comment risquer ses pas dans cette végétation tressée, plus serrée qu'un panier ? Ce n'est pas par la route que je peux voir les jets de bambous bleus, les flamboyants qui poussent par le milieu en un éventail chaque jour plus ouvert, les bananiers à fleurs de zinc verni et plié.

de plus de 600 m^2 leur sert de laboratoire, d'observatoire et de perchoir à 40 m du sol, où ils peuvent cueillir des végétaux, collecter des insectes.

Des oiseaux bruyants

La voûte forestière retentit des cris de plusieurs perroquets (le jacko, l'inséparable à tête rouge et le robuste) ainsi que de calaos et des touracos, dont un géant de 76 cm reconnaissable à ses « ko-ko-ko » criards. Plusieurs espèces de coucous africains leur font écho, dont le superbe foliotocol, au beau plumage vert irisé.

Chez les rapaces, l'aigle couronné chante également, surtout lors des parades nuptiales lorsqu'il multiplie les acrobaties autour de sa femelle. Redouté par les singes, il n'hésite pas à s'attaquer à des cercopithèques dont il se nourrit de la chair.

Plus près des marigots et des rivières traversant la grande forêt, vivent des oiseaux cherchant la sécurité en disposant leur habitat au-dessus de l'eau – ainsi les malimbes (tisserins forestiers) dont les nids ressemblent à de grandes vanneries en forme de bourse ou les gobe-mouches et souimangas au plumage éclatant. Mais l'eau est surtout le milieu préféré des oiseaux pêcheurs, les anhingas (cormorans africains au très long cou souple comme le corps d'un serpent) et les aigles pêcheurs au plumage noir et blanc, sans oublier divers échassiers comme les hérons, les ibis, les aigrettes et les phaëtons.

Je vois passer l'oiseau rieur à oreilles orange qui part en riant, l'oiseau à riz qui s'enfonce dans son nid en forme de bouteille, les chauve-souris, les renards volants réveillés volètent à hauteur de ma tête avec un bruits d'étoffe défripée, de gant froissé. Volière de milliardaire où barbotent les ibis, les échassiers, les canards, les pigeons, les courlis. Où tout peine, gagne sa vie, oiseaux pêcheurs, parleurs, siffleurs, oiseaux plombiers…
Parmi la poussée de ces arbres dont la mousse cache les muscles, qui voisins haineux s'étranglent et pourrissent debout, je jouis de toute cette fermentation intestinale, exaspérée vers le soir par une trombe tiède, grasse et si lourde qu'elle fait des trous là où elle passe. On attend le cataclysme, mais il ne se produira pas.
Les tropiques sont à eux seuls un silencieux et permanent cataclysme et l'on dirait une punition pour l'homme, s'il pouvait être un instant question de l'homme dans cette épopée végétale. Ici la corruption est la vie et la vie meurt en finissant de naître. Arrêtés sans avance possible à l'orée de ces bois tièdes, fumants on entrevoit des fruits qui ont l'air de tumeurs, des maladies qui ont l'air d'animaux et des cadavres qui une demi-heure après leur mort sont devenus des fleurs. »

PAUL MORAND,
Rien que la terre (Ed. Grasset).

Le climat équatorial et l'humidité constante sont les raisons de l'éclatement et de la diversité des essences dans le pays.

Au-dessous de la canopée, le sous-bois de la grande forêt équatoriale est le repaire des grands mammifères : singes, antilopes, buffles, éléphants qui sont activement chassés et qui à terme risquent de disparaître – proies rêvées des braconniers.

Les écureuils volants

Ce ne sont pas des oiseaux nocturnes qui planent d'arbre en arbre, parfois sur des distances de plus de 80 mètres mais bien des écureuils volants : les anomalures.

Ces gros rongeurs sont en effet dotés d'une sorte de membrane, comme les chauve-souris, qui leur sert à la fois de parachute et de cerf-volant. Grâce à ces ailes géantes, ils peuvent évoluer gracieusement dans les hauteurs des arbres en se servant de leur longue queue touffue comme celle d'un gouvernail. Leur membrane au repos sur une branche leur permet aussi de se dissimuler complétement aux regards.

Ils habitent généralement dans des trous d'arbre donnant naissance à un, deux ou trois petits par portée et se nourissant de fruits, de feuilles, de fleurs et d'insectes.

Comme l'écrit Louis Martin dans *Le Figaro Magazine*, « quand il prend son envol, tout entier ramassé dans sa course, son aile est encore invisible. Puis il se déplie, s'étale et se nappe. La " grande-voile " claque au vent, il plane, tête baissée pour donner à son parachute une forme parfaitement convexe, l'élégant se sert de sa queue comme gouvernail. En modifiant l'axe de sa trajectoire, il arrive à flotter, s'aspire aux courants ascendants et sautant suspend son vol. Survient la feuille tellement convoitée, il ne l'a pas quittée de ses yeux bombés d'animal chauve-souris, toute sa course étant aveuglement tendue vers cette proie immobile. L'élégant la sent. Il se ramasse, se replie, l'aile devient parachute, aérofrein et en douceur, l'élégant se pose, lentement, gonflé d'air comme une outre. En un frisson, il s'est ressaisi. Un frémissement des pattes et sa voilure se cache. Il n'est plus qu'un écureuil posé sur une branche. Et il repart à petits sauts comptés, serrant son butin dans ses griffes. Il va le déposer soigneusement dans son cellier, une noix évidée juste à côté du nid où s'impatiente la portée, on les entend crier dans la nuit. Ce sera leur petit déjeuner, les trois petits écureuils sont nés le mois dernier. Ils ont ouvert les yeux avant-hier. Demain leur mère leur apprendra à voler. »

King Kong, le gorille-roi

Roi de la forêt équatoriale, le gorille suscite aujourd'hui l'engouement des zoologues et du grand public. Notamment après la projection des *Gorilles dans la brume* où sont retracés la vie et les travaux de la célèbre naturaliste Diane Fossey (assassinée au Rwanda). Pourtant pendant des siècles, ils furent exterminés sans pitié, car les chasseurs européens ainsi que les villageois africains leurs attribuaient de nombreux méfaits.

On leur reprochait en particulier leur férocité les taxant de bêtes sauvages et carnivores s'attaquant à l'homme pour le tuer et le dévorer.

Sur ce thème ont été écrits de nombreux romans d'aventure, des relations de chasse et plusieurs films dont *King Kong*. Heureusement, beaucoup de naturalistes faisant preuve d'un véritable esprit scientifique n'ont pas hésité à aller sur le terrain et à observer les mœurs de ces grands primates. Grâce à leurs travaux, le mythe de King Kong est définitivement balayé.

Le gorille n'a jamais été un carnassier, mais uniquement un végétarien. Il se nourrit exclusivement de feuilles, de fruits et de racines.

Mais surtout il s'agit d'un animal timide et doux, qui fuit à l'approche des intrus. Il ne devient agressif que lorsqu'il y ait acculé, par les braconniers notamment lorsque ces derniers cherchent à capturer les petits pour les zoos et n'hésitent pas à massacrer tout le groupe. En général, le mâle dominant fait fonction de vigile pour son groupe et dès qu'il sent la présence d'un danger, il tend l'oreille et s'interpose entre le groupe et l'assaillant, donnant aux autres gorilles l'occasion de fuir. Il se met alors à grogner et à frapper sa poitrine à coups redoublés pour intimider l'ennemi. C'est seulement quand ce dernier prend l'offensive que le mâle dominant charge et mord.

Dormir dans un nid

Les défrichements de la forêt qui bouleversent leur écosystème ainsi que les braconniers sont autant de menaces pour ces primates qui, contraints à la vie nomade, dorment dans des nids de feuilles qu'ils confectionnent à même le sol ou juchés sur le sommet des arbres.

Animaux diurnes, les gorilles se lèvent entre 6 h et 9 h. Ils se nour-

FLOCON DE NEIGE, LE GORILLE BLANC

Rarissime, un gorille blanc est la grande attraction du zoo de Barcelone. Surnommé par les enfants catalans copito de nieve *(flocon de neige), il est au dire des zoologues, le seul spécimen de gorille albinos connu au monde.*
C'est en 1966 qu'il fut capturé dans la forêt de Guinée Equatoriale où il avait été quelquefois aperçu par les Pygmées qui lui vouaient un véritable culte, le surnommant « Nfumu » (le blanc).
Ramené en Espagne, ce petit gorillon de quelques mois pesait alors moins de 9 kg. Aujourd'hui il pèse plus de 100 kg et a déjà eu de nombreux rejetons en captivité.
Toujours d'après les naturalistes, l'espérance de vie de ces grands primates ne dépasse guère les quarante ans. Menacée par les braconniers dans toute l'Afrique, l'espèce des gorilles est maintenant protégée dans plusieurs pays où des réserves spéciales sont créées et attirent chaque année de nombreux touristes venus observer les mœurs pacifiques de ces « hommes des bois ».

En haut : le charmant colobe noir, ici une femelle et son petit.
En bas : le gorille, roi de la forêt équatoriale.

Le mandrill et son impeccable maquillage,
un nez blanc, des lèvres rouges et bleues et une barbe orange.

rissent ensuite pendant deux heures et se replongent dans un sommeil digestif trois à quatre heures.

L'après-midi, ils repartent en quête de nourriture puis cherchent un endroit propice pour confectionner leur nid et dormir.

Selon les zoologues, ces primates disposent d'un véritable langage pour communiquer entre eux. Ils émettent vingt-deux sons différents, dont huit sont d'un usage fréquent.

La période de gestation est d'environ neuf mois et les femelles mettent bas tous les quatre ans donnant naissance à chaque fois à un seul gorillon.

Ce dernier tétera sa mère jusqu'à l'âge d'un an et demi tout en goûtant aux végétaux depuis l'âge de deux mois.

Un singe à tête de clown

Lointains cousins des gorilles, les mandrills et les drills sont de gros babouins dont la taille atteint plus de 90 cm.

L'aspect physique du mandrill surprend toujours, son bariolage lui donne en effet l'aspect d'un clown égaré dans la forêt. Il est affublé d'une tête de chien prolongée par un museau d'un très beau rouge vif et bleu de cobalt et d'une magnifique barbe orange. Sur son postérieur, c'est un véritable arc-en-ciel qui vire du violet à l'écarlate. Toutes ces couleurs conviendraient mieux à un perroquet qu'à un mammifère et les zoologues s'interrogent sur les finalités secrètes de la nature, qui cette fois n'a pas donné au mandrill le béné-

LE MANDRILL, GRAND BABOUIN DE LA FORÊT

Dans leur Guide des grands mammifères d'Afrique, *les naturalistes Jean Dorst et Pierre Dandelot consacrent toute une notice au mandrill, grand babouin d'Afrique centrale.*
Voilà comment ils les identifient : « Longueur (sans queue), jusqu'à 95 cm, poids jusqu'à 40 kg. Les femelles sont beaucoup plus petites.
Grand babouin, aux formes lourdes lorsqu'il est complétement adulte, à face allongée, nue et marquée de profonds sillons, ne peut être confondu avec d'autres singes. Chez les mâles adultes, l'arrête nasale, les narines et les lèvres sont écarlate vif et bleu cobalt éclatant du côté du museau. Une moustache de poils blancs sur la lèvre supérieure et une barbe jaune à orange vif complètent la palette. Les oreilles sont de couleur chair. La tête et le cou sont recouverts d'une fourrure abondante et dense formant une masse olivâtre bien développée autour de la tête et sur la nuque. Les parties supérieures du corps et les flancs sont brun olivâtre et les parties inférieures plus claires, gris jaunâtre pâle. La région fessière est entièrement nue et brillamment colorée chez les mâles adultes.
Les femelles et les jeunes mâles sont de couleur plus terne, ils ont la face sombre nuancée de rougeâtre sur le nez et de bleuâtre

fice d'un savant camouflage lui permettant de se soustraire plus facilement à son prédateur : le léopard.

D'autres singes au pelage plus terne vivent aussi dans les forêts équato-guinéennes, comme le colobe noir à la très longue queue et le sympathique chimpanzé dont les mœurs sont maintenant connues dans le monde entier.

Le potto, un ours de poche

Un des hôtes les plus charmants de la grande forêt est le potto de Bosman ou perodicticus potto de 10 à 22-25 cm, dont un fut offert à l'écrivain André Gide lors de son voyage en Afrique centrale dans les années 1920. Il l'appela « Dindiki » et lui consacra une étude : « Ce petit animal, écrit-il, bien que de la famille des primates, n'a presque rien des singes. Il ferait plutôt songer à un hérisson à poils doux ou à un tout petit ours, un ours de poche.

C'est un grimpeur, originaire de la forêt équatoriale, il vit sur les sommets inaccessibles des grands arbres. De plus, c'est un animal nocturne et reste pour ces deux raisons difficile à saisir. Il est aussi très lent et ne semble pas avoir peur de l'homme.

Le pelage du pérodictique est gris-brun cendré. Son poil, plus clair et plus doux sur le ventre devient en approchant du milieu du dos presque rude : particulièrement long sur le cou et les épaules, il recouvre complètement les apophyses très saillantes de ses vertèbres cervicales.

sale sur le côté du museau. Les parties nues de l'arrière du corps sont brunâtres. Les couleurs éclatantes apparaissent et s'intensifient progressivement avec l'âge chez les mâles.
Le mandrill et le drill vivent surtout dans les forêts primaires humides où le sol n'est pas trop encombré de broussailles et permet de marcher facilement.
Les mandrills se plaisent dans les lieux découverts et rocheux. Ils sont terrestres et se nourissent sur le sol ne grimpant aux arbres que pour y chercher des fruits en cas de danger ou pour se reposer pendant la nuit. Ils vivent en troupes qui peuvent atteindre 50 individus, se déplaçant dans un périmètre limité. Ils sont très bruyants, aboient et poussent des cris perçants.
Omnivores, ils se nourrissent de graines, de drupes (fruits à noyau), de fruits tombés d'arbres variés, ainsi que de champignons ; ils déterrent également des racines et des bulbes. Ils mangent aussi des insectes, des araignées, des vers, des escargots, des larves et de petits vertébrés. Parfois ils saccagent les cultures, particulièrement celles de manioc, causant autant de ravages que les potamochères. Ils sont également la proie des léopards. »

Les touracos, dont certains peuvent mesurer jusqu'à 76 cm, réveillent la forêt de leurs cris perçants.

C'est la particularité de son anatomie que les naturalistes signalent comme la plus remarquable : à la hauteur des omoplates, sept vertèbres protubérantes et formant une crête ou des dents de scie.

Peut-être ces apophyses viennent-elles à trouer la peau avec l'âge, comme certains l'affirment, mais la peau recouvrait encore celle de mon Dindiki... Son museau n'est pas plus allongé que celui d'un ours.

Dans ses yeux, on ne voit qu'un iris mordoré, presque pas de pupille, le diaphragme est fermé durant le jour. Son arcade sourcilière présente une délicate saillie que le doigt sent plus qu'on ne peut le voir ; elle enveloppe l'œil d'une parenthèse élargie, aussi fine que le croissant de lune au premier jour du Ramadan.

Les coques arrondies de ses très petites oreilles sont noyées dans le poil, il a des incisives de rongeur et les canines de sa mâchoire supérieure sont développées et apparentes.

Un drôle de plantigrade

Ses pattes, mais le mot " patte " est impropre : il a des bras, des jambes et des mains. Quatre mains dont il ne suffit pas de dire que le pouce est opposable. Ce pouce très long ne forme point d'angle avec les autres doigts, mais prolonge exactement l'index des mains de derrière et le troisième doigt des mains de devant, car aux pattes de devant l'index manque.

Ses ongles sont courts comme ceux des singes, excepté celui de l'index des mains postérieures qui comme pour compenser l'absence d'index des mains de devant est extrêmement long formant des griffes dont il se sert pour se gratter. Grâce à la disposition de ses pouces et à sa musculature, son étreinte est prodigieuse.

Les indigènes affirment qu'il étrangle des animaux beaucoup plus grands que lui et en particulier des singes qu'il surprend durant leur sommeil.

Quand il se cramponne à une branche on ne peut lui faire lâcher prise : on l'écartelerait plutôt et si l'on insiste, il se fâche, cherche à mordre en poussant des cris furieux. De même que le loris, le pérodictique ne se déplace qu'avec lenteur. Il n'ouvre jamais sa main de devant avant que la main arrière correspondante n'ait assurée la prise.

Le bond répugne à son éthique. *Natura non fecit saltus* est la règle de sa conduite et *festinare non decet*. Il semble réfléchir avant d'agir. On dirait qu'il procède par syllogismes. Veut-on le faire se hâter, il se retourne vers vous et proteste à petits cris, irrité comme si l'on coupait le fil de son raisonnement. Il n'est agile que lorsqu'il grimpe.

A terre ses mouvements sont gauches, comiques ; il avance d'un petit trot de plantigrade, avec le dandinement de Charlie Chaplin. Alors seulement il se hâte ; il court vers un tronc d'arbre, le premier en vue, ou vers une jambe ; ses mains agrippent, ses membres enserrent à brassées et enjambées énormes et en un rien de temps il s'élève ; le voici de nouveau sur mon épaule ; il enlace mon cou, met son museau contre ma joue : le pouvoir d'embrasser c'est une permission de tendresse. »

De petites antilopes

Toujours dans la forêt équatoriale, vivent plusieurs espèces d'antilopes notamment le petit céphalophe bleu, dont la chair est appréciée dans le pays, et en particulier dans l'île de Bioko où les chasseurs-marchands de viande de brousse proposent leur prise aux automobilistes sur le bord des routes.

La taille de cette petite antilope est celle d'un gros lièvre, elle se nourrit de fruits et feuilles que les espèces arboricoles, comme les oiseaux de la canopée et les singes, font tomber des arbres. Ce qui montre la subtilité de l'organisation par la nature des systèmes qui régissent la forêt.

Vivant plutôt seul, le céphalophe court facilement dans la forêt en plongeant sa tête basse dans le feuillage, ce qui lui a valu le surnom de « *duiker* » : le « plongeur », donné par les zoologues hollandais.

Leurs derrières blancs surmontés par une petite queue que l'animal bouge constamment fonctionne comme un véritable miroir optique qui permet aux céphalophes de se voir dans la semi-pénombre des sous-bois.

Animaux nocturnes, ils passent leurs journées dans les lieux les plus retirés, réfugiés dans des abris fabriqués dans des souches d'arbres ou dans d'épaisses broussailles. Ils sont la proie des chasseurs, des aigles, des léopards et des pythons.

Le pangolin, un animal cuirassé

Le pangolin géant est un curieux animal qui habite la forêt de la Guinée Equatoriale. Il peut mesurer 1,50 m et peser jusqu'à 30 kg. Avec sa cuirasse constituée d'innombrables écailles qui lui recouvrent tout le corps il semble venir tout droit de la préhistoire.

Sa protection « blindée » lui permet de résister aux assauts de n'importe quel prédateur et c'est tout à fait tranquillement qu'il quitte son terrier la nuit pour aller déguster des termites dont il fait écrouler l'ingénieuse habitation de terre d'un coup de griffe. Comme tous les fourmiliers, il n'a pas de dents, mais une langue longue et gluante qui se glisse dans les galeries creusées par les insectes.

Autres petits animaux de la forêt : les aulacodes, gros rongeurs nocturnes vivant dans des terriers et les porcs-épics (ou athérures). Ces deux espèces sont végétariennes et très appréciées des Equato-Guinéens pour leur chair qui rappelle celle du lièvre.

Les éléphants de la forêt

Parmi la grande faune, on trouve le buffle, le potamochère (sanglier sauvage) et les éléphants de la forêt. Ces derniers sont plus petits que les éléphants des savanes, 2,30 m au garrot. Ils vivent en troupeaux de dix à vingt bêtes, près des points d'eau car ils ont besoin de boire plusieurs fois par jour.

Menés par une vieille femelle, ils sont toujours en mouvement, car il leur faut constamment trouver de la nourriture : de l'herbe, mais aussi des fruits, des écorces, de petites branches et des bourgeons. Ce sont des animaux gloutons, qui avalent plus de 250 kg de nourriture par jour, gaspilleurs et peu respectueux de l'environnement ! Ils n'hésitent pas en effet à faire tomber les arbres pour leur prendre quelques feuilles. Ils consomment également beaucoup de sel, qu'ils trouvent en fouissant la terre avec la trompe.

Le pangolin, animal nocturne, chasse les termites la nuit et se délecte de leurs œufs.

Très bruyant, l'éléphant communique avec ses congénères par différents sons et notamment par des barrissements qui indiquent ses humeurs variables : la peur, l'alarme, l'identification, ou également pour garder un lien avec les autres. Les positions de sa trompe et de ses oreilles, lui servent également à exprimer ses états d'âme.

Des tortues géantes

Sur les quais et sur les plages, on peut voir fréquemment de grosses tortues marines, vertes ou franches, attendant d'être mangées, qui gisent sur le dos ou attachées par une laisse, reposant inertes.

Ce sont les pêcheurs des îles de Bioko, Corisco ou des Elobey qui vont les chercher en pirogue au large. Chaque capture donnera plus de 30 kg de chair très appréciée en sauce ou grillée dans la gastronomie équato-guinéenne.

Pour les naturalistes, les tortues ou chéloniens sont des reptiles, comme les crocodiles ou les serpents, dont l'origine remonte à plus de 200 millions d'années, à l'époque où les dinosaures dominaient la planète.

Ces derniers se sont éteints il y a 60 millions d'années, tandis que les tortues ont survécu. Elles ont conservé leur bec corné sans dents, et leur habitude de pondre des œufs à coquilles calcaires, comme les oiseaux.

Parmi les 250 espèces de tortues terrestres ou marines, vivant dans le monde, la tortue verte figure parmi les plus grosses.

Elle a longtemps été décimée par l'homme, elle l'est toujours, mais actuellement des plans de protection permettent à des espèces de perdurer, grâce à l'interdiction de les capturer lors des périodes de reproduction de ponte.

Des œufs blancs

C'est surtout au moment de la ponte qui s'effectue la nuit, que les naturalistes amateurs doivent aller les observer sur les plages d'Ureka. C'est un spectacle inoubliable. Ils verront les femelles sortir de l'eau prudemment, prêtes à repartir à la moindre alerte, attentives au moindre bruit suspect.

Lorsqu'elles sont enfin rassurées, elles se hissent péniblement sur le sable sec, tout en haut de la plage en cherchant le meilleur site pour la ponte. Certaines enfoncent leur museau dans le sable pour en éprouver la consistance. Une fois l'endroit propice trouvé, elles creusent une sorte de nid avec leurs pattes avant en rejetant le sable en arrière avançant et reculant tour à tour de manière à s'enterrer presque complètement. Le haut de leur carapace affleure ainsi à la surface de la plage.

Elles creusent ensuite une cavité de 45 cm de profondeur pour leurs œufs avec leurs pattes postérieures, qui prend la forme d'une bouteille.

Les 120 œufs à la coquille molle et sphérique tomberont alors dans le trou, un par un ou par grappe de trois ou quatre. Lorsque la ponte est terminée, les tortues ramènent doucement du sable sur les œufs avec les pattes postérieures jusqu'à ce que le trou soit comblé. Satisfaites quand les œufs sont invisibles, elles finissent leur besogne en camouflant soigneusement le site de ponte par un vigoureux brossage du sable et s'en retournent épuisées vers la mer. Après 55 à 65 jours, les petites tortues déchirent l'œuf qui les protègent avec la pointe de leur bec. Elles creusent le sable pour faire surface et s'en vont vers la mer. Durant leur périlleux trajet un dixième des bébés tortues sera victime des crabes et des oiseaux. Les survivantes qui réussiront à gagner l'eau auront, quant à elles, à lutter contre les prédateurs marins.

De grandes voyageuses

Une fois en pleine mer, elles se laisseront emporter par les courants qui les emmèneront dans l'océan Atlantique. Ballottées au gré des flots, le temps de devenir adultes, elles se nourrissent de petites animalcules flottant sur la mer, comme le plancton.

Au bout de trois à quatre ans, elles prennent des forces et trouvent le moyen de lutter contre le courant. Certaines sont capables de retrouver le lieu où elles sont nées et y retournent pour pondre à leur tour.

Adultes, ces tortues atteignent des tailles et des poids considérables. La tortue verte peut peser plus de 250 kg.

Grandes voyageuses, elles accomplissent des migrations spectaculaires et celles qui ont été baguées par des scientifiques au départ de la Guinée Equatoriale ont été parfois retrouvées sur les côtes de l'Afrique orientale ou aux Antilles.

Les rorquals d'Annobon

Autre grande voyageuse, la baleine, qu'on signale depuis des siècles au large de la Guinée Equatoriale et qui est activement chassée par les insulaires d'Annobon.

En effet ce sont les plus grands mammifères du monde et ils forment le groupe des cétacés qui comprend les baleines franches et les cachalots, les orques, les rorquals et les bélougas, les dauphins et les marsouins.

Dans les eaux guinéennes, ce sont surtout les rorquals qui passent. Ces gros cétacés n'ont pas de dents mais des fanons, de même que la baleine à bosse ou la baleine franche.

Au milieu du siècle dernier, l'explorateur français Paul du Chaillu signale la présence de groupes de baleines dans l'estuaire du Rio Muni. Mais depuis la chasse s'est intensifiée et dans les années 1950, on en tuait plus de mille par an ! Ce qui explique la relative rareté aujourd'hui de ces gros cétacés dans le golfe de Guinée.

Des plans de préservation, menés par la CBI (Commission baleinière internationale) créée en 1946 à l'initiative des grands chasseurs de baleines pour mieux gérer le parc des grands cétacés, sont mis en place. Et un moratoire adopté en 1982 et appliqué en 1986 permet de donner un répit aux baleines et de mettre au point une exploitation rationnelle à partir d'une meilleure connaissance de leurs effectifs.

Le céphalophe bleu est recherché par les chasseurs pour sa viande, mais est également la proie de nombreux prédateurs.

l'histoire

■ La préhistoire de la Guinée Equatoriale n'est pas encore très étudiée par les archéologues. Néanmoins quelques fouilles effectuées dans le pays lèvent un peu le voile sur l'occupation du sol par les hommes dans cette partie du monde.

Ces fouilles montrent que la Guinée Equatoriale n'était pas un territoire isolé, bien au contraire. Des relations assez étroites existaient déjà entre les peuples de la région (Nigeria, Cameroun, Gabon) il y a plusieurs centaines, voire des milliers d'années.

Avant l'ère chrétienne les habitants étaient des chasseurs-cueilleurs, dont on retrouve la trace à Banapa, au sud-ouest de la capitale Malabo, sur l'île de Bioko. Peut-être faisaient-ils partie de ces grandes migrations de chasseurs et pasteurs nomades qui traversèrent durant des siècles le Sahara, qui était encore vert, au néolithique africain.

De nombreuses populations y ont laissées des peintures et des gravures rupestres sur les parois et les falaises du nord du Tchad, du Cameroun, du Niger, de l'Algérie, de la Libye et du Mali. Autour des points d'eau, des lacs, des fleuves et des rivières, d'autres peuples d'agriculteurs et de pêcheurs comme ceux du Ténéré au Nord-Niger s'étaient alors sédentarisés. On a ainsi retrouvé un grand nombre d'outils de pierre et d'os : haches, harpons, meules, au sud du Sahara.

Des civilisations épanouies

Pendant toute cette période, de grandes civilisations africaines se sont épanouies : l'Egypte ancienne et l'empire de Kouch au bord du Nil, Carthage en Afrique du Nord. Et ce bien avant que naissent les grands empires noirs de l'Afrique sub-saharienne, comme le Ghana, le Mali ou le Kanem Bornou.

Pour commercer avec le reste de l'Afrique, l'Egypte et l'Afrique du Nord, ces ancêtres africains utilisaient les caravanes et il est également possible que des relations aient été établies par voie maritime entre le bassin méditerranéen, au nord du Sahara et l'Afrique noire au sud de ce désert et jusqu'au golfe de Guinée. Ainsi, pense-t-on que le pharaon Nechao II, qui régna en Egypte à partir de 609 av. J.-C. aurait organisé un grand voyage en bateau autour de l'Afrique.

Parti de l'est du continent, il serait descendu le long de la côte d'Afrique orientale, aurait passé le cap de Bonne-Espérance et serait remonté vers l'ouest en bouclant son expédition par la Méditerranée.

Le périple d'Hannon

Plus controversé est le célèbre « périple d'Hannon ». Suffète de l'armée carthaginoise, Hannon aurait lancé une expédition d'envergure au Ve siècle av. J.-C. Elle comptait une soixantaine de navires à rames, transportant trente mille personnes. Pour les Carthaginois, il s'agissait de créer de nouvelles colonies sur la côte africaine, comme celles déjà implantées en Espagne.

Partis de Carthage, près de l'actuelle Tunis, les navires d'Hannon auraient traversé la Méditerranée d'est en ouest, passé Gibraltar, longé la côte africaine de l'actuel Maroc et pénétré dans le golfe de Guinée. Tout au fond, ils auraient vu « le char des dieux », le mont Cameroun.

« Nous continuâmes notre voyage et nous découvrîmes de nuit une contrée pleine de feu. Au milieu était un feu très élevé, plus haut que les autres et qui semblait atteindre les étoiles.

Quand le jour fut venu, nous nous rendîmes compte que c'était une haute montagne, appelée " char des dieux " [...] Longeant ces torrents de feu, nous arrivâmes à une baie appelée " corne du sud ". Au fond se trouvait une île [l'île de Bioko ?].

Plusieurs historiens réputés, dont le Français Mauny, réfutent cette thèse, prétendant que le carnet de voyage du Carthaginois n'est qu'un faux.

Dans ce cas, si les voyageurs de l'Antiquité n'ont pas atteint ces côtes de l'Afrique centrale, il est difficile de trouver des témoignages écrits sur la vie des peuples du golfe de Guinée à cette époque.

Il reste à reconstituer l'histoire à partir de quelques vestiges récemment exhumés. Comme l'ont démontré plusieurs scientifiques, l'Afrique n'a pas connu un niveau de développement homogène.

En Afrique centrale, l'âge d'or du néolithique – époque où l'homme découvre l'agriculture, se sédentarise et façonne des poteries – semble coïncider avec les premières importantes migrations de Noirs bantous.

Un des grands foyers de dispersion aurait été le bassin de la Bénoué, au nord du Nigeria et du Cameroun actuels. Ils se répandront ensuite dans toute l'Afrique australe et seront à l'origine, entre autres, de la civilisation du Zimbabwe.

Avec ces migrations bantou qui commencent plusieurs siècles avant l'ère chrétienne, l'Afrique noire entre dans l'âge du fer.

L'âge du fer

Ces peuples ont probablement hérité des techniques de la métallurgie du royaume de Kouch, en Nubie. Dès le Ve siècle av. J.-C., il s'y développa une véritable révolution industrielle autour du fer.

Riche en minerai, l'Afrique noire ne va pas passer par les étapes intermédiaires de l'âge du bronze et du cuivre comme en Europe. C'est le fer qui sera le jalon essentiel de son évolution, pendant près d'un millénaire. Du royaume de Kouch, les techniques et les produits métallurgiques vont rayonner sur toute l'Afrique : en Egypte, en Afrique orientale et australe et vers le lac Tchad.

Dans cette dernière région, d'où les Bantou pourraient tirer leur origine, les archéologues ont fouillé plusieurs centaines de buttes de forgerons, amas de scories et de résidus de minerais provenant de la métallurgie locale.

Cette technique continua ensuite à se répandre vers l'Ouest, le long de la vallée du Niger et vers le golfe de Guinée où on en retrouve des traces à Nok, au Nigeria. Toujours est-il que ces peuples bantous possédaient la technologie du fer, dès le premier millénaire de l'ère chrétienne. Et c'est grâce à leurs armes et à leurs outils agricoles en fer qu'ils purent s'étendre progressivement vers le sud et l'est du continent africain, en s'imposant aux populations autochtones, comme les Pygmées, ou les Hottentots en Afrique australe.

Le gisement de Bioko

C'est là, près de Malabo qu'a été trouvé le gisement le plus inté-

Le palais présidentiel à Malabo est une construction récente dans le style des colons espagnols.

ressant pour la connaissance de l'histoire de la Guinée Equatoriale, à l'ouest de la ville à Playa Carboneras (du nom des dépôts de charbon installés par les Anglais au temps de la marine à vapeur).

Ce site fouillé au début du XXe siècle a permis d'esquisser un début de chronologie à « quatre étages » :

Carboneras du Ve au Xe siècle après J.-C. ; Boloapi du Xe au XVe siècle ; Buela du XVe au XVIIIe siècle et Balombe au XIXe siècle.

Au Carboneras dans la deuxième moitié du premier millénaire, les habitants de l'île sont à la fois agriculteurs et pêcheurs. Ils vivent au bord des plages, ce qui leur permet d'utiliser plus facilement leur pirogue et de partir à la pêche au thon ou à la baleine. Ils exploitent aussi les palmiers à l'huile et cultivent l'igname.

De riches céramiques

Cette période du Carboneras se caractérise aussi par la richesse et l'abondance de céramiques : jarres, vases, pots, plats, finement décorés de motifs géométriques, chevrons, volutes, pointillés, exécutés avec une roulette en bois. On a également retrouvé sur la côte orientale de l'île, des houes, des disques de coquillages perforés et d'innombrables outils de pierre datant de la même époque.

A la fin du Carboneras (IXe-Xe siècles), ces peuples ne résident pas plus sur les plages, ils vont s'installer sur les collines qui dominent la mer. Près du village de Riaba (ex-Concepcion) sur la côte orientale de l'île, on a découvert des poteries au décor particulièrement élégant. Ce qui a permis aux archéologues de distinguer une période de transition entre le Carboneras final et le néolithique de Boloapi.

La culture de Buela

Du Xe au XVe siècle, se développe la culture Boloapi qui correspond à une civilisation de pêcheurs qui fabriquent des céramiques très raffinées par leurs formes comme par leur décor. Vers la fin de cette période apparaissent des outils à gorge comme les haches de pierre.

A leur arrivée sur l'île de Bioko, les navigateurs portugais trouvent des peuples de la culture de Buela qui a commencé au XVe siècle. A cette époque, les insulaires occupent toute l'île, y compris les hauteurs qu'ils ont défrichées pour y installer leurs cultures. Ils continuent à fabriquer des poteries dont le décor est plus pauvre et élèvent des menhirs qui servent à leurs rites funéraires.

A la fin du XVIIIe siècle, la culture de Buela semble avoir été complètement assimilée à celle des Bubi. On qualifie parfois la culture de Buela de « vieux bubi », car elle est la première à montrer quelques analogies avec le genre de ces derniers. Quant au Balombe (XIXe siècle), ce n'est pas à proprement parler une culture, mais la fin du Buela caractérisée par la disparition progressive de la fabrication des outils de pierre et de la céramique au profit des productions européennes importées par les navigateurs britanniques.

Les sites du Rio Muni

Une évolution à peu près comparable s'est déroulée sur le continent. Ainsi, d'après les premiers sites découverts dans la région continentale, le Rio Muni, tout le littoral autour de Bata aurait été habité depuis des temps très anciens. De nombreux tessons de céramique, molettes pour la décoration de la terre cuite et meules ont été exhumés à Punta Eviondo, Bomidi et Akom près de Bata. Plus au sud, un petit mamelon dominant la ville de Mbini (ex-Rio Benito) a été fouillé. Il a livré les fondations du premier village, installé dans l'estuaire du Rio Welle. Enfin tout à fait au sud du Rio Muni, un autre village a été découvert dans l'estuaire du fleuve, formant frontière avec le Gabon.

Le village contrôlait autrefois l'accès de cette région, traversée par de nombreux fleuves côtiers, comme les rios Mitong et Utamboni qui confluent dans cet estuaire. Sa fondation remonterait au début du XIVe siècle et ses habitants étaient des pêcheurs qui se nourrissaient à la fois de poissons et de mollusques. Ils extrayaient déjà de l'huile de palme pour leur alimentation et fabriquaient des poteries décorées de motifs géométriques.

Les Pygmées et les peuples bantou

Quelques différences notables existent cependant dans le peuplement de l'île de Bioko et du Rio Muni. On y relève en effet, la présence de Pygmées sur le continent et non dans les îles du golfe de Guinée. Considérés comme les premiers habitants du continent africain, les Pygmées se sont aujourd'hui réfugiés dans les profondeurs de la forêt équatoriale qui couvre le sud du Cameroun, la République Centrafricaine, le nord de la Guinée Equatoriale, le Congo et la République Démocratique du Congo. Déjà connus des anciens Egyptiens et des Grecs, les Pygmées ont conservé jusqu'à aujourd'hui leur mode de vie de chasseurs-cueilleurs et n'ont jamais connu l'agriculture ou la métallurgie.

Autre événement de l'histoire de la Guinée Equatoriale : l'arrivée aux XIIe et XIIIe siècles de peuples bantou – les Ndowe, Benga, Bukeba, Balenke, Envico, Bapuka..., puis des Kombe qui repoussent peu à peu les Pygmées au fond des forêts pour s'installer dans les clairières et sur le littoral atlantique.

Ils précèdent de peu d'années les Fang qui déferlent par vagues à partir du XIIIe siècle. Ces derniers sont également des Bantou, venant des savanes du Nord. Les Fang vont progressivement s'implanter dans toute l'Afrique centrale : Sud-Cameroun, Guinée Equatoriale, Gabon. Ils seront contenus autoritairement au XIXe siècle par les colonisateurs européens, au nord de l'Ogooué et de l'Ivindo au Gabon.

Les premiers Européens

Tous ces peuples, déjà en place à l'arrivée des premiers navigateurs européens vont modifier complètement leur mode de vie à partir de la deuxième moitié du XVe siècle.

C'est en effet l'époque où les caravelles portugaises abordent pour la première fois le golfe de Guinée.

L'enjeu pour ces premiers navigateurs n'est pas de coloniser l'Afrique en s'y installant comme on le verra aux XVIIIe et XIXe siècles. Ils cherchent plutôt à établir de petits comptoirs où ils peuvent s'approvisionner en eau potable et en vivres frais auprès des populations locales, au cours du périple qui les conduit aux Indes.

Ce grand projet de voie maritime des Indes a été lancé par le roi Dom João Ier (qui régna sur le Portugal de 1385 à 1433).

Après la reconquête de leur territoire par les Arabes, les Portugais organisent une véritable croisade au Maroc qui aboutira à la prise de Ceuta en 1415. C'est cet événement qui déterminera la politique d'expansion outre-mer du Portugal afin d'écraser le monde musulman. Une raison plus économique guide également leur action : ils veulent détourner vers le Portugal le très fructueux commerce des épices qui fait la fortune de Venise et des Turcs, en accédant directement à l'Orient par une nouvelle voie maritime faisant le tour de l'Afrique.

Au début du XVe siècle, les Portugais doivent limiter leur expansion aux côtes marocaines. En effet, leurs connaissances et leurs techniques dans le domaine de la navigation, les empêcheront longtemps de naviguer plus au sud des îles Canaries en raison des vents contraires et des courants.

Henri le Navigateur

Mais l'impulsion donnée à l'exploration maritime en Afrique par l'infant Henri le Navigateur (1394-1460), fils du roi du Portugal Dom João Ier, change le cours de l'histoire. Avec une ardeur mystique, Henri le Navigateur se dévoue entièrement à ce grand

LA DÉCOUVERTE DE FERNANDO POO

Dans le célèbre journal de voyage Esmeralda de situ Orbis *(1506), le navigateur géographe portugais Duarte Pacheco Pereira fait le point sur les premières découvertes maritimes en Afrique. Il y fait allusion à la découverte du Cameroun et de la Guinée Equatoriale par Fernando Poo en 1472.*

« A partir du cap Fermoso [au Nigeria actuel], la côte suit la direction est-ouest. Cette montagne et cette île furent découvertes par Fernando de Poo, chevalier et familier du roi Dom Afonso V et elles prirent le nom de son découvreur. Elle est éloignée en latitude de l'Equateur vers le pôle Nord de 4 °. C'est une montagne très élevée et par temps clair, on la voit de 25 à 30 lieues.

L'île qui se trouve à l'embouchure de cette baie est très peuplée ; elle a beaucoup de cannes à sucre. Elle est à cinq lieues de la terre ferme. Le navire qui vient ici pour ancrer près de cette terre pourra le faire dans 14 brasses. Il sera alors à une demie-lieue du rivage.

On peut échanger ici des esclaves à raison de 8 à 10 bracelets de cuivre par tête. Dans ce pays il y a de nombreux et grands « alifantes » (éléphants), dont nous avons l'habitude d'acheter

dessein, en ouvrant la fameuse « école de navigateurs » de Sagres, au sud du Portugal dès 1431. Là, sont réunis tous les plus grands astronomes, navigateurs, cartographes, savants, géographes, voyageurs, ingénieurs. Ce sont eux qui perfectionnent les « portulans » (cartes marines) des navigateurs arabes, inventent le gouvernail d'étambot, construisent un nouveau navire – la caravelle –, et utilisent au mieux tous les instruments de navigation maritime comme la boussole (inventée par les Chinois), le sextant et l'astrolabe. Sous la direction de l'Infant, qui ne participe pourtant à aucune expédition, les navigateurs poussent leur avance vers le sud par vagues successives. Ils atteignent Madère en 1419 et les Açores en 1427. Puis Gil Eanes réussit pour la première fois à passer le cap Bojador, au sud du Maroc en 1434, ouvrant la voie vers l'Afrique noire. En 1444, ce sont les îles du Cap-Vert et l'année suivante, le Sénégal que le navigateur Diego Dias aborde.

A la mort d' Henri en 1460, Pedro de Cintra pénètre dans le golfe de Guinée et débarque en Sierra Leone. Un moment stoppées, les « découvertes » portugaises reprennent sous le règne de Don Afonso V l'Africain (1438-1481) et voient la construction du fort d'El Mina, sur les côtes de l'actuel Ghana, en 1471.

La belle île et la bonne année

La même année, les Portugais João de Santarem et Pedro Esco-

les dents que nous appelons « marfim » (ivoire) et pour un bracelet de cuivre, on a ici une grande défense d'éléphant.
On trouve aussi dans ce pays une assez grande quantité de fine et bonne malaguette (poivre sauvage). Il y a ici des choses rapportant beaucoup de profit que l'on a coutume d'apporter à ces royaumes.
Les gens de cette montagne s'appellent « caaboo » et il existe une langue qui a un nom « bota ». Toute la côte qui va de cette montagne de Fernando Poo jusqu'au cap de Lope Gonçalves, sur une distance de 80 lieues, est très peuplée et très boisée de forêt épaisse. La mer est très profonde et à une demie-lieu de la terre, elle atteint de trente à quarante brasses. On y rencontre de très grandes baleines et de nombreux autres poissons.
Ce pays est voisin de l'Equateur dont les Anciens disaient qu'il était inhabitable. Nous par expérience avons trouvé le contraire… »

bar franchissent l'Equateur et découvrent l'île d'Annobon, qui sera appelé ainsi car un autre Portugais y débarqua un premier janvier, jour de « la bonne année » : *Anno bom*.

Pour la Guinée Equatoriale, 1472 est une année importante : le navigateur portugais Fernando Poo atteint l'île de Bioko et la baptise « *ilha Formosa* » : la « belle île ». Quelques années plus tard, on lui donnera le nom de son découvreur.

Cette même année, des navigateurs aperçoivent le mont Cameroun et pénètrent dans l'estuaire du Wouri, où se développera plus tard la ville de Douala. Comme on y pêchait beaucoup de crevettes, ils lui donnèrent le nom de « *rio dos Camarões* », « fleuve des crevettes », déformé par la suite en Cameroun.

Profitant de l'ouverture de la route du golfe de Guinée par les Portugais, d'autres navigateurs notamment les Espagnols, se rendent à leur tour en Afrique pour s'y livrer à la traite négrière. Par le traité de Tolède, les Portugais obtiennent des dédommagements de l'Espagne lorsque les trafiquants viennent sur leurs territoires africains.

Le trafic des esclaves

Les explorations maritimes du Portugal se poursuivent au cours du XVe siècle et se terminent par l'ouverture de la route des Indes en 1497-98 par Vasco de Gama, peu après que Bartolemeu Dias ait atteint le Cap des Tempêtes, rebaptisé Cap de Bonne-Espérance.

A la même époque, en 1492, Christophe Colomb atteignait l'Amérique. Un événement qui aura des répercussions sur l'Afrique, car la traite négrière va se développer dans le but d'amener de la main-d'œuvre dans les plantations du Nouveau Monde. En 1510, le roi d'Espagne ordonne les premières déportations vers Hispaniola, l'actuelle Haïti.

Mais c'est vers 1530 que la traite prend vraiment de l'envergure. Utilisant comme intermédiaires les chefs de tribu de la côte, les négriers vont rassembler les esclaves dans les comptoirs africains de Gorée au Sénégal, de Luanda en Angola.

En Guinée Equatoriale, les îles de Fernando Poo – l'actuelle Bioko – et de Corisco, qui dépendent de la capitainerie portugaise de São Tomé, servent, dès le début du XVIe siècle, à entreposer le « bois d'ébène ». Comme le note le Portugais Pacheco Pereira en 1506, le coût d'un esclave dans cette région du golfe du Biafra, s'élevait à 8 ou 10 bracelets de cuivre. Durant le XVe siècle, l'historien Las Casas estime que plus de 100 000 esclaves ont été razziés en Afrique noire et déportés en Amérique.

Au début du XVIe siècle (1507), une première tentative de colonisation est menée sur l'île de Fernando Poo par le Portugais Ramos de Esquivel. A Concepcion – Riaba –, il implante une factorerie et développe des plantations de cannes à sucre. Mais l'hostilité du peuple insulaire bubi et les fièvres mettent rapidement fin à cette expérience.

Le commerce triangulaire

Aux XVIe et XVIIe siècles, les Hollandais investissent l'Afrique noire et donnent un nouvel essor à la traite des esclaves. Elle suit déjà depuis plusieurs années le schéma tristement célèbre du « commerce triangulaire », permettant le maximum de profit sans temps mort.

Ainsi un trafiquant parti d'Europe avec de la pacotille – armes, monnaie de coquillages, outils, tissus, perles –, la troque auprès des *midmen* (intermédiaires) africains contre des esclaves, que l'on embarque pour les plantations du Nouveau Monde. Aux Antilles et en Amérique, ces esclaves sont à nouveau échangés contre du sucre et du rhum, puis au retour en Europe, ces marchandises seront à leur tour vendues au prix fort.

Une partie des bénéfices est réinvestie dans l'achat de pacotilles et le financement d'une nouvelle expédition. Le triangle est ainsi fermé.

Pour profiter de ce fructueux trafic du « bois d'ébène », les Hollandais doivent se tailler une place en Afrique, le plus souvent en guerroyant contre les Portugais et les Espagnols déjà installés. Bien armés, ils commencent par enlever aux Portugais l'île de Principe en 1598, puis l'île de Gorée en 1610. Le fort d'El Mina au Ghana est pris en 1637, Arguin en Mauritanie en 1638, l'île de São Tomé et Saint-Paul de Loanga en Angola en 1641, puis enfin Axim au Ghana en 1642.

La Compagnie des Indes

De son côté, la Guinée Equatoriale voit également apparaître les vaisseaux négriers hollandais au large d'Annobon en 1613 et 1623. Mais les habitants s'arment et les repoussent à la mer. Ces derniers tentent alors leur chance dans l'estuaire du Rio Muni.

Entre-temps, ils ont fondé la célèbre Compagnie des Indes occidentales qui pratique la traite. Profitant d'un conflit entre Espagnols et Portugais, ils occupent l'île de Corisco entre 1642 et 1648.

Mais les Portugais récupèrent « leurs » territoires et en évincent les Hollandais pour y construire un fort en 1650. Six ans plus tard, ils créent la Compagnie de Corisco qui centralise les convois d'esclaves en provenance du Cameroun et du Gabon. Il semble que les Hollandais aient également tenté des incursions dans l'île de Fernando Poo contraignant les Bubi à se réfugier sur les hauteurs.

Une terre espagnole, puis anglaise

Au cours du XVIIIe siècle, la traite négrière continue à sévir dans toute l'Afrique et notamment en Afrique centrale. Vers 1740, les Portugais se réinstallent à Fernando Poo. Pas pour longtemps, car la question du partage du Brésil avec l'Espagne les amènent à céder leur hégémonie dans le golfe de Guinée aux Rois catholiques, par le traité de San Ildefonso en 1777, confirmé l'année suivante par le traité du Pardo.

En échange de quelques territoires au Brésil, ils offrent aux Espagnols l'île de Fernando Poo et la côte africaine entre l'embouchure du fleuve Niger (actuel Nigeria) et celle de l'Ogooué (Gabon). Au total, les terres héritées par les Espagnols se montent à plus de 800 000 km^2.

Trois semaines après la signature du traité, le comte espagnol d'Argelejos, à la tête d'une petite escadre, quitte Montevideo en Uruguay pour aller occuper les îles d'Annobon et de Fernando Poo. Son objectif principal consiste à créer des centres de traites négrières dans le golfe de Guinée

La chambre d'Agriculture à Bata, c'est ici que se négocient les prix des cultures exportées : café, cacao...

pour approvisionner les plantations espagnoles des Amériques. Mais l'expédition est tenue en échec par les Annabonais qui rejettent les Espagnols à la mer.

Ces différentes mésaventures conduisent l'Espagne à se désintéresser peu à peu de ses territoires d'Afrique centrale. Ce qui laisse la porte ouverte aux tentatives de colonisation par d'autres puissances européennes, comme la Grande-Bretagne.

Dès la fin du XVIIIe siècle, le capitaine britannique Beaver et 300 hommes débarquent dans la baie de San Carlos à Luba, au sud de l'île de Fernando Poo. Ils tentent de s'y établir, en vain. Au bout d'un mois presque tous étaient morts atteints de maladies.

Quelques décennies plus tard, en 1821, c'est le capitaine Kelly qui fonde les établissements de Concepcion – Riaba – et de San Carlos – Luba.

En 1827, le capitaine Owen, fait de Fernando Poo une colonie anglaise, dont il devient le surintendant de 1827 à 1833 et fonde Port Clarence, qui deviendra Malabo en 1973.

La fin de la traite négrière

A la fin du XVIIIe siècle, l'Europe des « Lumières » commence à s'émouvoir du sort des Africains. Des philosophes comme Voltaire lancent un mouvement d'idées en faveur de l'abolition de l'esclavage. Des sociétés philanthropiques s'organisent, notamment à Londres, qui vont permettre à des esclaves affranchis de regagner

UNE ÎLE FLOTTANTE

Au XIXe siècle, un navire français jette l'ancre en face de Riaba, au sud-est de l'île de Bioko. Voici ce que dit le journal de bord :

« Du point où nous étions mouillés, je pouvais embrasser d'un seul coup d'œil tout le fond de la baie. La montagne dont la tête était séparée de sa base par un rideau de nuages figurait assez bien un monde nageant dans l'espace. C'était comme une de ces îles flottantes dont on parle dans les contes. Les rivières dont deux ou trois avaient un volume susceptible d'en faire des moteurs hydrauliques frangeaient la bordure inférieure des arbres. Au-dessus de leur lit, des voûtes sombres formées par l'entrelacement des lianes semblaient être des portes de souterrains.

Au niveau de l'eau, le liseré jaune de sable où le soleil se réfléchissait en rayons de feu ; au-dessus, les arbres dont je distinguais les hauteurs, les formes et les couleurs diverses ; au-dessus encore, le sol s'élevant en amphithéâtre, tout attirait et fixait mes regards.

A mi-côte, dans un point dont l'inclinaison paraissait inférieure à celle des parties environnantes, une large surface avait été

l'Afrique sur des terres qu'elles ont achetées, en particulier au Liberia et en Sierre Leone. Le mouvement en faveur de l'abolition suit son cours pendant toute la fin du XVIIIe siècle et la première moitié du XIXe.

Ainsi la Révolution française de 1789 abolit-elle l'esclavage, mais Napoléon Ier le rétablit en 1802 sous la pression de son épouse Joséphine de Beauharnais, propriétaire de plantations en Martinique.

A la chute de l'Empire, le congrès de Vienne, qui rassemble tous les souverains européens, se prononce en faveur de la suppression de la traite. Celle-ci ne sera effective dans les territoires britanniques qu'en 1833 et dans les colonies françaises, sous l'impulsion de Victor Schoelcher qu'en 1848. Aux Etats-Unis, cette question de l'esclavage oppose le nord et le sud du pays. La guerre de Sécession (1861-1865) aboutit à la victoire du Nord, anti-esclavagiste.

En Afrique, particulièrement en Afrique centrale, la marine britannique va mener la lutte contre les trafiquants en organisant une véritable police de la mer, ainsi à partir de bases comme l'île de Fernando Poo, où ils se sont installés dès 1827.

Par ailleurs, ils s'efforcent également de tarir le trafic du « bois d'ébène » à sa source en passant des traités, imposant sa suppression, avec les rois et chefs africains du golfe de Guinée. Après Owen, John Beecroft devient gouverneur de Fernando Poo jusqu'en 1854.

déboisée ; la terre y était cultivée et je pouvais reconnaître un champ d'ignames.
Un village dont toutes les cases étaient alignées sous des palmiers limitait le champ dont le séparait un ruisseau que je devinais à la forme du terrain et à la couleur du ruban argenté qui se tordait dans les sinuosités d'un petit vallon. Au-dessus du village, dans toute l'étendue du paysage, des saillies et des enfoncements dessinaient les formes de la montagne.
Enfin la large vallée qui partait des régions les plus élevées de l'île séparait les deux pics et s'avançait, doucement inclinée vers le sud-ouest. Dans cette longue coulée à pente adoucie, la terre végétale doit être plus fertile encore que partout, les rivières nombreuses et d'un cours régulier, la température douce et constante.
Là vivent de nombreuses tribus d'indigènes : là devront s'établir les premiers colons agriculteurs, si jamais la " civilisation " s'implante véritablement à Fernando Poo. »

L'ancienne chambre d'Agriculture à Malabo, aujourd'hui siège de l'Assemblée nationale.

Teodoro Obiang Nguema Mbasogo :
président de la République de Guinée Equatoriale depuis 1979.

L'essor des missions

En plus de la chasse des négriers, les Britanniques se donnent pour tâche d'évangeliser les Africains. En 1841, la Baptist Missionary Society basée à Londres s'établit à Fernando Poo.

C'est dans cette île que les missionnaires Joseph Merrick, Jackson Fuller et Alfred Saker s'installent à partir de 1843, puis partent sur le Cameroun. En 1850, une mission presbytérienne américaine s'implante à Corisco, d'où elle s'étend au Rio Muni.

En 1843, les Espagnols revendiquent leurs terres africaines, ils envoient le commandant Lerena y Bary proclamer la souveraineté d'Isabelle II sur ces territoires et obtiennent la soumission des rois benga de Corisco et du Rio Muni, tout en confirmant le Britannique Beecroft à son poste de gouverneur de Fernando Poo. Cette réaffirmation de la tutelle de l'Espagne permet aux prélats catholiques de s'implanter, à leur tour, en Guinée Equatoriale.

L'organisation de la colonie

Les premiers prêtres et religieuses débarquent à Fernando Poo et en 1858, ce sont les Jésuites. Cette dernière date représente un tournant pour ces territoires de la future Guinée Equatoriale : l'Espagne assoit vraiment sa présence et remplace les gouverneurs britanniques de Fernando Poo par le capitaine de frégate Carlos Chacon. Une des premières

LES JARDINS DE QUETZALCOATL

C'est chez les Aztèques au Mexique et les Mayas d'Amérique centrale qu'il faut chercher l'origine du cacahualt, *nom de la fève de cacao. Selon la légende aztèque, le cacaoyer était cultivé dans les jardins du dieu Quetzalcoatl et fut envoyé sur terre pour les délices humaines.*
A son quatrième voyage vers le Nouveau Monde, Christophe Colomb croise une embarcation chargée de fèves. C'est le premier contact d'un Européen avec le cacao. Le second sera plus long et ce sera Cortès et ses « conquérants » qui découvrent à la fois l'empire des Aztèques et sa monnaie : des fèves de cacao qui servent aussi à fabriquer un breuvage, le xocoalt, *additionné de poivre et de farine de maïs. C'était la boisson de l'empereur Montezuma.*
Une boisson amère qui devient, additionnée de sucre et de vanille, la boisson des Espagnols. Rentrés au pays, ils font venir le cacao par les bateaux hollandais qui se chargent du transport vers la fin du XVIe siècle et le début du XVIIe siècle. Pendant ce temps, la demande en cacao grossit en Europe et la production s'étend à la Jamaïque en 1660, à Saint-Domingue, à la Martinique, puis au XVIIIe siècle au Vénézuela et au Brésil, dans la région de Bahia en 1754. Les premières entreprises apparaissent vers 1770.

mesures du nouveau gouverneur est d'imposer le catholicisme comme religion officielle et d'exiger le départ des missionnaires protestants.

L'économie de l'île de Fernando Poo va se transformer dans la deuxième moitié du XIXe siècle, avec l'introduction du cacaoyer et du caféier qui sont importés de l'île de São Tomé. Si le cacao est peu à peu planté dans toute l'île et au Rio Muni, le café en revanche ne réussit pas aussi bien, il faut attendre la fin du siècle pour voir se développer de grandes plantations caféières dans le pays.

La main-mise des Européens

Par les traités de San Ildefonso et du Pardo, signés en 1777 et 1778, le Portugal cède à l'Espagne tous ses territoires du golfe de Guinée. Depuis le Biafra, région de l'actuel Nigeria, jusqu'au delta de l'Ogooué au Gabon, soit un domaine de plus de 800 000 km² en Afrique centrale. Mais comme l'Espagne a plus ou moins abandonné ces terres, elle a du mal à faire admettre ses droits de propriété auprès des autres puissances européennes qui viennent de s'installer : la France au Gabon, l'Allemagne au Cameroun et l'Angleterre au Nigeria.

Au XIXe siècle, à l'époque où de grands explorateurs européens comme Savorgnan de Brazza et Stanley reconnaissent des terres « vierges » en Afrique centrale, l'Espagne envoie un géographe, Manuel Iradier y Bulfy dans ses possessions du golfe de Guinée.

En France qui dispose d'une certaine avance technique, Antoine Brutus Menier monte en 1824 à Noisiel-sur-Marne la plus grande chocolaterie du moment.
Déjà en 1815, un certain monsieur Van Houten a mis au point la solubilisation du cacao. Les concurrents s'appellent Philippe Suchard (Neuchâtel 1824); Kohler (1828), Lindt, Tobler...
En Afrique, continent qui deviendra le premier pays producteur, le cacaoyer n'est introduit qu'au début du XIXe siècle en deux temps : en 1822, des cacaoyers de variété amelonado, *originaires de la région de Belem sont acclimatés à São Tomé en 1850.*
Le gouverneur de la Gold Coast, aujourd'hui le Ghana, sir William Branford Griffiths plante dans son parc quelques cabosses et en distribue aus paysans des alentours.
En 1840, un charpentier de marine, William Prat introduit des cacaoyers sur l'île de Fernando Poo, des amelonado *et des* trinitario. *Trente-neuf ans plus tard, c'est un forgeron qui s'en retournant chez lui au Ghana ramène aussi des cabosses de Fernado Poo : Tetteh Quashies est considéré comme un héros.*

JACQUES GRALL
Le Monde, 25 octobre 1983.

Intérieur du palais des Congrès à Malabo, construit pour accueillir le sommet de la CEMAC en juin 1999.

Une première expédition a lieu en 1875 à Fernando Poo, aux îles Elobey et Corisco et au Rio Muni. Partout il trouve les factoreries des autres nations européennes, en particulier de l'Allemagne.

Lors de sa seconde expédition en 1884, Iradier arriva trop tard : les Allemands Woerman et le docteur Nachtigal ont déjà signés des traités avec des chefs africains et pris possession du Cameroun, tandis que les Britanniques ont hissé pavillon sur le Nigeria et que les Français, partis du Gabon, s'apprêtent à occuper le Rio Muni, les îles Corisco et Elobey. Aussi Iradier, le docteur Ossorio et le gouverneur espagnol Montes de Oca, se relaient-ils pour réannexer les territoires du Rio Muni, en passant à leur tour des traités avec les chefs locaux. C'est alors que s'ouvre la conférence de Berlin, présidée par le chancelier allemand Bismarck. Les grandes puissances européennes décident alors de ne plus se disputer l'Afrique par les armes, mais de se la partager autour d'une table.

Le partage de l'Afrique

L'Espagne présente à cette conférence, qui dure du 15 novembre 1884 au 26 février 1885, n'ose pas revendiquer les 800 000 km^2 octroyés par le Portugal lors du traité de 1777.

Elle se contenterait bien de 300 000 km^2, mais hélas pour elle, la conférence ne lui en reconnaît pas plus de 180 000. Après la conférence, l'Allemagne et la France s'entendent

LA CONFÉRENCE DE BERLIN

Durant cette conférence (15 novembre 1884 au 26 février 1885) qui réunissait 14 pays et qui visait le partage de l'Afrique entre les puissances européennes, le comte Benomar, représentant de l'Espagne, assisté du géographe Coello (ami d'Iradier) furent à peine écoutés.

L'Espagne se disait propriétaire de 300 000 km^2 s'étendant de la côte du Rio Muni jusque vers l'Oubangui, incluant notamment tout le Wolleu-Ntem (Gabon). La conférence reconnut à l'Espagne 200 km de côtes et 900 km en profondeur, soit 180 000 km^2.

Pourtant, le 24 décembre 1885, la France et l'Allemagne convinrent de fixer la frontière entre leurs territoires respectifs (Gabon et Cameroun) au Rio Campo, constatant l'absence de l'Espagne du Rio Muni.

L'Espagne protesta vivement et l'Allemagne n'insista pas. Cet incident trouva son épilogue à la conférence de Paris, en 1900.

pour « dépouiller » davantage l'Espagne en fixant les frontières de leurs possessions du Cameroun et du Gabon au Rio Campo.

Tout le Rio Muni passe alors sous la tutelle de la France. Il ne reste à l'Espagne que l'île de Fernando Poo. Ses protestations aboutissent à la création d'une commission franco-espagnole et au traité de Paris le 27 juin 1900, qui reconnaît à l'Espagne un petit territoire sur le continent : l'actuel Rio Muni (26 000 km^2).

Le règne des Bubi

A partir de 1904, commence alors le règne du roi des Bubi, Malabo Ier, qui dure jusqu'en 1937. C'est également à cette date que le gouvernement espagnol fournit les fonds nécessaires à la mise en valeur de sa colonie de Fernando Poo en y créant des administrations et en y important de la main-d'œuvre d'Afrique de l'Ouest pour travailler dans les plantations de cacao et de café.

Le territoire du Rio Muni échappe quant à lui à cet effort de colonisation, car le peuple fang opposera jusqu'en 1926 une résistance acharnée à toute tentative européenne d'incursion sur la zone continentale. De plus les Fang étant armés de fusils, fruits d'échanges, tout affrontement risque de dégénérer en bataille rangée.

Pour remédier à cet état de fait, l'Espagne signe avec l'Allemagne en 1913 une convention interdisant la vente d'armes à feu aux autochtones. Avec les Bubi de l'île de Bioko (Fernando Poo), les colons espagnols rencontrent la même résistance armée, surtout lors des deux tentatives d'insurrection en 1898 et en 1910 à Luba. Cette dernière révolte éclate lorsqu'est instauré pour tous les Bubi, âgés de quinze à cinquante ans, le travail forcé trois mois par an dans les plantations européennes. Pour tenter de remédier au problème de manque de main-d'œuvre, l'Espagne signe une série de traités avec les pays du golfe de Guinée.

En 1914, un accord pour la fourniture d'ouvriers, en nombre illimité, est passé avec le Liberia et plus tard avec le Nigeria. Mais à plusieurs reprises, ces contrats « négriers » sont dénoncés, en raison des mauvais traitements infligés aux ouvriers dans les plantations.

Une colonie espagnole

Au début de la Première Guerre mondiale, les Allemands défaits par les Anglais et les Français en 1915 au Cameroun, se réfugient avec leurs troupes africaines en déroute au Rio Muni, puis dans l'île de Fernando Poo. Après l'amnistie, des officiers allemands sont évacués sur l'Espagne ; d'autres restent au Rio Muni pour y diriger des exploitations forestières, tandis que les chefs africains sont rapatriés au Cameroun.

En 1923 commence en Espagne la dictature du général Primo de Rivera qui ne s'achève qu'en 1930. A partir de 1926, ce gouvernement dégage des moyens financiers considérables pour équiper la Guinée Equatoriale. Parallèlement, le Rio Muni est occupé par la garde coloniale qui impose *manu militari* le pouvoir espagnol au peuple fang. C'est à cette époque que sera construite la route reliant le port de Bata à Mikomeseng au nord du Rio Muni.

Lors de la guerre civile espagnole, de 1936 à 1939, qui aboutit à la victoire du général Franco le camp nationaliste, largement implanté dans l'île de Bioko, parvient à éliminer les forces républicaines du Rio Muni. Durant la Seconde Guerre mondiale, l'Espagne restée neutre continue à mettre en valeur sa colonie africaine et passe des accords de main-d'œuvre avec le Nigeria.

La marche vers l'indépendance

Un des instruments-clefs de la politique coloniale de l'Espagne en Guinée Equatoriale est le *Patronato de Indigenas* (patronage des indigènes), crée en 1904 et réorganisé en 1938 et 1939 afin d'accroître la tutelle et l'emprise des Espagnols sur les Africains non émancipés.

Considérés comme des enfants, ces derniers constituent la quasi-totalité de l'indigénat. Ils n'ont pas le droit d'être propriétaires et sont corvéables dans les plantations. En revanche, les émancipés qui ont fait preuve de « leurs capacités mentales » en ayant acquis une compétence technique professionnelle et démontré leur respect des valeurs morales chrétiennes, échappent aux contraintes de l'indigénat.

Cependant un courant autonomiste voit le jour après guerre chez des instituteurs africains déplorant les conditions inégales de traitement au sein des fonctions occupées par les Noirs et les Blancs.

En 1956, le planteur noir Acacio Mane prend la tête d'un mouvement d'opposition clandestin : la Cruzada Nacional de Liberacion. Il n'est pas inquiété par l'autorité coloniale tant qu'il ne dévoile pas ses positions. Mais lors de l'entrée de l'Espagne aux Nations unies en 1955, il a le courage – ou l'imprudence – de signer un mémorandum adressé à l'ONU prenant l'Espagne à partie.

Ayant refusé de s'exiler, il est arrêté par la garde civile espagnole et assassiné en 1958 dans une caserne de Bata. Sous la pression internationale, l'Espagne doit entamer un processus qui aménera petit à petit la Guinée Equatoriale à l'indépendance.

Dès 1964, les territoires d'outre-mer deviennent des provinces espagnoles. En Guinée Equatoriale, le *Patronato de Indigenas* est dissous et de nouvelles responsabilités sont octroyées aux Africains qui peuvent accéder aux conseils municipaux et aux assemblées provinciales.

Par ailleurs, des députés sont désignés pour aller siéger au parlement de Madrid : les Cortès. A cette occasion, de nombreux partis nationalistes sont créés qui poussent les Equato-Guinéens vers une indépendance de plus en plus inéluctable, compte tenu des territoires voisins et des anciennes colonies françaises et britanniques qui l'ont obtenue au début des années 1960.

Un statut d'autonomie

Cette provincialisation ne vient que freiner le processus et permettre à divers intervenants espagnols, dont l'amiral Carrero Blanco, qui sera chef de gouvernement de Franco en 1973, de brouiller les cartes.

En effet, l'amiral ne cesse d'appuyer les partis autonomistes bubi de l'île de Fernando Poo qui souhaitent une indépendance séparée pour les deux provinces.

Cette menace d'éclatement est doublée par celle d'une possible annexion de l'île par le Cameroun ou par le Nigeria.

Dès 1964, les partis nationalistes équato-guinéens, autrefois interdits, peuvent envoyer leurs membres dans les différentes instances gouvernant le pays. A la demande de l'ONU, une conférence constitutionnelle, convoquée en vue de préparer l'indépendance, se réunit par deux fois à Madrid en 1967 et 1968.

Il en sort après bien des débats, un projet de constitution visant à maintenir l'unité politique du futur Etat et à le doter d'un régime présidentiel fort.

Premières élections

Le 24 juillet 1968, les Cortès madrilènes acceptent le texte qui est ensuite approuvé, le 11 août, par un référendum en Guinée Equatoriale. Le 22 septembre de la même année, on procède aux élections présidentielles et à celles du parlement.

Le 29 septembre 1968, Macias Nguema est élu président au deuxième tour, devant Ondo Edu. Le premier gouvernement entre en fonction le 12 octobre suivant, jour de l'indépendance.

Une période noire

Commence alors pour la Guinée Equatoriale une période noire durant laquelle le nouveau président va se débarasser de ses rivaux.

Adhérant à la doctrine marxiste, Macias Nguema instaure un

LA MONNAIE

Deux monnaies étaient d'usage dans les sociétés traditionnelles de Guinée Equatoriale.
Les Bubi utilisaient la roïga *taillée dans des coquillages.*
*Les Fang l'*ekuele *en métal en forme de bout de lance. Ce sont les Espagnols qui introduisirent les premiers billets de banque : la peseta. En 1969, la peseta équato-guinéenne fut émise inconvertible, mais en parité avec la peseta espagnole. Depuis le 25 septembre 1975, cette monnaie a été convertie en pièces et billets appelés* bikwele *(pluriel d'*ekwele*).*
*En 1978, une émission de pièces d'or et d'argent a lieu à l'occasion du X*e *anniversaire de la montée au pouvoir du président Macias Nguema. Paradoxalement, au cours de cette période, on ne trouve pratiquement plus de bikwele « ordinaires » en circulation et le pays sombre de plus en plus dans une économie de troc.*
Le 9 août 1979, le nouveau président déclarait que son oncle aurait brûlé près de 3 milliards de bikwele, dans son bunker de Nzang-Ayong où il s'était retranché avec des conseillers militaires cubains, nord-coréens... après sa destitution.
En 1985, le pays intègre la zone franc.

régime de parti unique, le PUNT : Partido Unico Nacional de Trabajadores et interdit toute autre formation.

Ses mesures et ses exactions provoquent le départ des Espagnols et des travailleurs nigérians et camerounais, ainsi que l'exode de nombreux Equato-Guinéens.

En dix ans, l'économie du pays s'effondre, malgré l'aide soviétique qui se concrétise surtout par l'implantation de bases militaires et l'arrivée dans les eaux territoriales de chalutiers pillant les richesses halieutiques. Ce long calvaire enduré par les habitants s'achève brutalement par le coup d'Etat du 3 août 1979, sous la direction du lieutenant-colonel Teodoro Obiang Nguema Mbasogo.

La Guinée Equatoriale entre alors dans la difficile période de reconstruction nationale en faisant appel à l'aide de la communauté internationale et en rapatriant de nombreux nationaux qui s'étaient exilés, ainsi qu'en libérant les prisonniers politiques.

En août 1982, la loi fondamentale visant à restituer les libertés publiques et à jeter les bases d'une nouvelle démocratie est approuvée par référendum. Cette même année, Teodoro Obiang Nguema Mbasogo est investi officiellement dans la fonction de président de la République.

L'entrée dans la zone franc

En 1982, la Guinée Equatoriale accomplit une démarche fondamentale pour redresser son économie et rompre son isolement en

LES COULEURS DU PAYS

Les armoiries de la Guinée Equatoriale sont inspirées de celles conférées par les Espagnols à la ville de Bata.
Elles sont composées de trois bandes horizontales, entamées par un triangle bleu sur la gauche, du haut vers le bas, une bande verte représente les ressources naturelles, une blanche la paix, une rouge la lutte pour l'indépendance.
Le triangle bleu évoque la mer qui relie les diverses parties du pays.
*Souvent la bande blanche est complétée par un médaillon : écusson portant le motif d'un kapokier (*ceiba*) surmonté de six étoiles : les six parties du pays : Fernando Poo, Rio Muni, Elobey Grande, Elobey Chico, Corisco, Annobon.*
Le ceiba est appelé « arbre de Dieu » et c'est sous cet arbre que Bonkoro Ier fit allégeance à l'Espagne au XIXe siècle.
Le drapeau équato-guinéen, quant à lui, est vert, blanc, rouge et bleu. Le vert symbolise l'agriculture, le blanc la paix, le rouge la liberté et le bleu l'océan.
L'emblème central comprend un kapokier surmonté de six étoiles représentant les cinq îles et le territoire continental. Sous l'écusson est imprimé la devise du pays : Unidad Paz Justicia *(Unité, Paix, Justice).*

sollicitant son adhésion à la CEAC (Communauté économique des Etats d'Afrique centrale) et à l'UDEAC (Union douanière et économique de l'Afrique centrale) qui regroupent les Etats francophones du Cameroun, du Congo, du Gabon et de la République Centrafricaine, et accomplit ainsi un premier pas vers son intégration à la zone franc.

Le 2 janvier 1985, la Guinée Equatoriale devient membre de la zone et abandonne la monnaie officielle, l'ekwele, pour le franc CFA. Auparavant, au cours de l'année 1983, à l'intérieur du pays se sont déroulées les premières élections législatives.

Quatre ans après fut créé le Parti démocratique de Guinée Equatoriale (PDGE), dont le président Obiang Nguema Mbasogo prend la direction en 1988. Ce dernier présenté par son parti comme candidat unique aux élections présidentielles le 25 juin 1989 sort très largement vainqueur de ces élections.

Sept ans plus tard, en 1996, le général Teodoro Obiang Nguema Mbasogo est réélu avec 97 % des suffrages exprimés dans un contexte pluraliste.

La nouvelle Constitution

En novembre 1991, une nouvelle constitution qui autorise le multipartisme est approuvée par référendum. L'Assemblée législative est composée de 80 membres élus pour cinq ans. Le Président et la Chambre des représentants sont élus au suffrage universel. Le Président nomme le conseil des Ministres dirigé par un Premier ministre.

Le 7 mars 1999, les élections législatives ont mis en compétition 692 candidats représentants une douzaine de partis dont dix de l'opposition. Elles ont donné la victoire au Parti démocratique de Guinée Equatoriale (PDGE) auquel sont revenus 75 des 80 sièges de l'Assemblée nationale. Deux partis d'opposition sont représentés à la Chambre : la Convergence pour la démocratie sociale (CPDS) et l'Union populaire (UP).

De construction récente, la cathédrale de Malabo domine la baie de la capitale.

la religion

■ A l'origine, les différents peuples de la Guinée Equatoriale étaient tous animistes, c'était le cas aussi bien des Bubi de l'île de Bioko que des Fang du Rio Muni.

Un pays catholique

Le XIXe siècle a vu l'essor sur l'ensemble du golfe de Guinée des missions protestantes, anglaises et américaines menées par les pasteurs Joseph Merrick, Jackson Fuller et Alfred Saker. Ils profitent de la présence britannique en Guinée Equatoriale pour évangéliser les habitants et pour se servir de l'île de Bioko comme d'un tremplin qui va leur permettre de rayonner au Cameroun et au Nigeria.

Avec la reprise en main par les Espagnols de leurs anciennes terres africaines concédées par les Portugais à la fin du XVIIIe siècle, la religion catholique entre en force en Guinée Equatoriale.

Dès 1856, arrivent à Clarence Port – Malabo – le père Martinez y Sanz, ancien confesseur de la reine d'Espagne Isabelle II, et de nombreux prélats. Mais c'est en 1858, lorsque le capitaine de frégate Carlos Chacon prend officiellement les fonctions de gouverneur de l'île, que le catholicisme va s'assurer l'hégémonie religieuse dans le pays. Avec l'arrivée des Jésuites, la même année, les missions protestantes sont obligées de plier bagages et de se réimplanter sur le continent, en particulier au Cameroun.

Ainsi donc, depuis la deuxième moitié du XIXe siècle, la religion catholique est devenue en quelque sorte la religion officielle et aujourd'hui plus de 90 % des Equato-Guinéens la pratiquent. Deux cathédrales ont été bâties à Malabo et à Bata et le pays est divisé en diocèses où résident évêques et archevêques.

Les grands offices du dimanche revêtent un faste particulier au moment des grandes fêtes religieuses, Pâques, Noël. D'importants cortèges défilent exprimant la ferveur populaire des Equato-Guinéens. On y trouve des similitudes avec les rites pratiqués aux Etats-Unis par les Noirs américains de Harlem ou de la Louisiane. Les chants rythmés par les tam-tams rappellent les *gospel songs* et les danses au cours de l'office ne sont pas sans évoquer aussi les messes du Sud américain.

Le culte des ancêtres chez les Fang

Les Fang pratiquent traditionnellement le culte des ancêtres, des génies de la terre et de l'eau. Toutes ces forces qui dominent la vie de l'homme et imposent des sacrifices et des cérémonies de caractère magique.

Nsama est le dieu « bon ». Par les cérémonies du « ngui », les Fang cherchent à connaître les causes de la mort. Par le culte « biere », les hommes d'un clan peuvent intercéder auprès du dieu par l'entremise des ancêtres dont le crâne a été conservé.

Au début du XXe siècle est apparu un culte fang syncrétique qui, à travers l'assimilation d'éléments du christianisme, est une affirmation de l'identité fang. Il a pour nom « bwiti » ou « bwete ». Comme chez les Latins, qui autrefois rendaient des cultes aux dieux lares, la vie ne présente pas de coupure entre parents vivants et parents défunts.

C'est pourquoi les premiers rites d'une communauté sont ceux qui se rattachent au culte rendu à l'ancêtre géniteur de chaque lignage. Les rites sont l'objet d'une demande de bénédiction qui accompagne tous les gestes faits pour la vie du lignage et sont exécutés sur les reliques de l'ancêtre géniteur car telle est la prescription à laquelle tout chef de famille gardien des reliques ancestrales doit se soumettre pour protéger et promouvoir sa descendance.

Les cultes des ancêtres étaient visibles en de nombreuses occasions : au cours des cérémonies marquant les naissances et les décès ; lors des rites de guérison ; pour conjurer la stérilité et obtenir la fécondité des hommes et des femmes ; au cours des rites qui précédaient l'entrée en guerre.

Ces liens privilégiés avec les ancêtres ne concernaient pas uniquement les grands moments de la vie dans la communauté. La vie quotidienne était en effet comprise dans cette relation : à la veille ou au retour d'un voyage, avant de boire, avant d'entrer dans une maison, des formules récitées établissaient à tout moment la protection des ancêtres.

Un syncrétisme local

Parmi les rituels les plus anciens, le bwiti a tous les caractères d'un syncrétisme local. Il est issu du renouvellement du vieux culte des ancêtres « monbe » et la découverte des vertus de la plante hallucinogène procurée par les Pygmées et des emprunts accumulés au cours des migrations qui ont précédé l'arrivée des Blancs.

Certains contes fang évoquent les malheurs de jeunes hommes partis au loin et se retrouvant privés du secours du « biere », donc

LE SÉMINAIRE CLARÉTIEN DE LUBA

Notre Dame del Pilar est aujourd'hui un ensemble d'anciens bâtiments. C'est un endroit chargé d'histoire et c'est ici que s'est défini l'essentiel de la politique de développement de l'île. L'église se dresse à droite à l'entrée du domaine. Tout au fond de la cour, le bâtiment principal qui abrite le presbytère et les salles de cours s'élève sur trois étages. L'ensemble est malheureusement dans un état de délabrement avancé, et pourtant des générations de cadres se sont succédés ici. C'est aussi dans ce séminaire qu'a été formée la quasi-totalité du clergé catholique de l'île.

Fondé en 1884 par le père Ciriaco Ramirez, un père clarétin, ce séminaire a autrefois été la première exploitation agricole de l'île pour l'expérimentation de la culture du cacao.

En 1975 après presqu'un siècle d'existence, le séminaire et l'exploitation agricole ont été fermés par Macias Nguema. Il transforma les locaux en magasins de stockage de cacao, c'est alors que commenca la lente dégradation des bâtiments et des plantations.

En 1982, les pères salésiens décident de réouvrir le séminaire mais les bâtiments et l'exploitation agricole sont dans un tel état de délabrement et les moyens financiers trop peu importants pour mener à bien des travaux de restauration.

de la possibilité de fonder une famille et d'assumer la charge de leurs parents car dépossédés des crânes de leurs ancêtres par des clans rivaux.

Le bwiti des Fang s'est constitué par vagues successives. Lors d'une première étape certains membres de l'ethnie fang prennent l'initiative d'adopter le culte bwiti à la place du biere, leur propre culte des ancêtres. Il faudra attendre les années trente et quarante pour qu'intervienne une seconde étape marquée par les innovations de personnages prosélytistes, le souci de réforme liturgique et l'appropriation d'éléments empruntés au christianisme. Le foyer d'expansion du bwiti en pays fang se trouve dans la région de l'estuaire au Gabon.

Un culte de la ville

A partir de là le mouvement de diffusion s'est étendu vers le nord du pays jusqu'en Guinée Equatoriale et au sud du Cameroun. C'est donc un culte de la ville que les nouveaux adeptes du bwiti amènent avec eux dans leurs villages. Dans les milieux fang de la région de l'estuaire, au Gabon ainsi qu'en Guinée Equatoriale, les missionnaires excerçaient une répression bien plus forte sur les jeunes adeptes du bwiti que sur ceux du biere et condamnaient très vite les rituels et les prosélytes à la clandestinité.

La dimension de société secrète réservée aux seuls initiés et soumise à l'ostracisme du catholicisme est essentielle à la compréhension des conditions de diffusion du bwiti dans la société fang du début du XXe siècle et le souvenir de la persécution domine encore la mémoire collective des bwitistes d'aujourd'hui.

Construite en 1950, la charmante église de Ncue est située près de Niefang, au Rio Muni.

■ A l'instar de leurs voisins du Cameroun et du Gabon, avec lesquels ils possèdent de nombreux liens de parenté et affinités culturelles, les Equato-Guinéens, et en particulier les Fang, font partie des meilleurs sculpteurs d'Afrique noire. La plupart des grands musées internationaux d'art africain ou d'ethnologie possèdent des objets de leur statuaire traditionnelle.

Bien qu'ils soient probablement venus des savanes du nord de l'Afrique, les peuples fang se sont implantés définitivement dans la grande forêt de la Guinée Equatoriale, du Gabon et du Sud-Cameroun.

Ils y ont trouvé le matériau de prédilection pour leur statuaire : le bois. Ils s'en servaient pour confectionner des statuettes et des masques utilisés lors des cérémonies animistes. Ces sculptures sont rarissimes aujourd'hui en Guinée Equatoriale, car les pratiques traditionnelles ont presque totalement disparu avec l'arrivée du catholicisme.

Source d'inspiration des cubistes

L'art des Fang Okak et des Fang Ntoumou et l'art nègre en général suscitèrent un grand engouement auprès des artistes modernes en Europe : des peintres comme Picasso, Matisse et Derain s'en sont inspirés.

Le mouvement cubiste lancé en 1906 par Picasso avec le fameux tableau *Les demoiselles d'Avignon*, emprunte largement aux masques nègres. De grands collec-

LA STATUAIRE FANG, « L'HOMME TOTAL »

■ *Les Fang ont élaboré, en dépit de leur instabilité, une culture d'un haut niveau. Leurs traditions sont riches, leurs connaissances ésotériques sont conservées par les chantres-chroniqueurs, leurs nombreuses danses offrent à la fois un spectacle et un enseignement mimé.*

C'est par leurs arts plastiques qu'ils ont conquis une première place dans les musées réels ou imaginaires. Ils ont conçu une statuaire devenue célèbre par son hiératisme et le traitement des visages. Le corps de la statuette ne révèle pas de soin particulier, il est esquissé et ne supporte que les attributs les plus indispensables, notamment le dessin des scarifications.

Le visage s'inscrit dans un ovale déformé ; un front démesuré s'appuie sur une face presque triangulaire. Tous les détails de cette dernière sont portés sur une surface concave. Les yeux sont clos et la bouche s'avance en une sorte de moue triste.

Une coiffure très stylisée enveloppe cet ensemble qui suggère un masque mortuaire.

On a pu dire des statuettes fang qu'elles représentent « l'homme total » et que jamais peintres ou sculpteurs naturalistes n'ont pu obtenir un tel résultat.

Certaines de ces œuvres, les plus achevées, matérialisent la conception fang de l'homme et de son destin. Elles sont les derniers et fragiles témoignages d'une civilisation emportée par le vent du changement.

tionneurs continuèrent par la suite à mieux faire connaître l'art africain, en particulier le Suisse Joseph Müller qui créa un musée à Genève où sont rassemblées d'exceptionnelles pièces fang.

Les boîtes-reliquaires

Parmi les rites les plus importants des Fang, le culte des ancêtres ou culte des morts occupe une place primordiale. Pour ces cérémonies, le sculpteur fang confectionnait un reliquaire où étaient placés les restes des morts, ainsi que des poudres magiques dans des cornes de gazelle. Appelées « biere », ces boîtes-reliquaires en écorce étaient surmontées d'une statuette anthropomorphe ou d'une tête d'homme sculptée dans un bâton. D'après les voyageurs européens, comme le professeur Trilles qui se rendit en « pays pahouin » au début du XXe siècle, ces reliquaires étaient sur des étagères dans la case du chef, lorsqu'ils ne servaient pas aux rites.

En ce qui concerne les statuettes des reliquaires, les spécialistes de l'art africain distinguent deux styles « régionaux » celui des Fang du Nord (Ntoumou de la Guinée Equatoriale du Gabon et du Cameroun) et celui des Fang du Sud (Okak de la Guinée Equatoriale, Mvai et Betsi du Gabon).

Dans la plupart des statuettes sculptées par les artistes du Nord, les formes du corps sont hautes et longues avec un tronc mince et élancé. Comme le rapporte l'ethnologue français Louis Perrois, qui a consacré plusieurs ouvrages à la statuaire fang, « les membres sont plutôt grêles et bien détachés du corps, la tête moyenne ou petite montrant tous les détails de facture propre à tous les styles fang : face en cœur sous un front ample, bouche étirée en avant avec un menton effacé et coiffure rejetée en arrière (tresses, casque à crête centrale). On note en outre une tendance à l'utilisation du métal, cuivre, laiton et fer comme éléments décoratifs en placages sur les épaules et la poitrine ou sur la face et la coiffure. »

Des guerriers coquets

Quant aux statuettes fang du Sud, comme celles fabriquées par les Fang okak, leurs formes sont en général plus tassées. Louis Perrois note à ce sujet : « Ce sont des statuettes aux volumes plus compacts, arrondis, puissants donnant une impression de monumentale robustesse, même pour les petites pièces. Les têtes seules sont considérées comme d'une date antérieure au niveau du style, par rapport aux statuettes. Cette éventualité est difficile à établir, car au moment des explorations vers 1900, têtes seules et statuettes coexistaient déjà. » Il souligne également que « dans le style okak, les proportions sont bréviformes avec un buste trapu et des jambes massives, très curvilignes : face triangulaire avec bouche prognathe (parfois pourvue d'une barbe de forme géométrique), sous un front bombé très ample. »

Des petites têtes peuvent également être plantées dans les boîtes-reliquaires ; elles sont en général en forme de cœur avec des traits stylisés. Le sculpteur y a représenté les casques-perruques qui impressionnèrent tant les premiers voyageurs européens en contact avec les Fang.

Bien qu'ils aient été souvent considérés comme de redoutables

Avant d'entamer une cérémonie,
les danseurs bubi de l'île de Bioko peignent leur corps.

guerriers, les Fang n'étaient pas pour autant insensibles à la coquetterie. Sur les nombreuses photos prises au début du XXe siècle, on remarque leur torse nu envahi par des scarifications rituelles très décoratives. Ils portent également des couvre-chefs en forme de casque, sorte de panier orné de rangées de clous de cuivre, de cauris et même de boutons de nacre.

De rares masques blancs

Beaucoup plus rares sont les masques fang, il n'est donc pas étonnant que les grands musées du monde se les disputent. Sculptés dans un bois léger comme le fromager, ces masques aux formes étirées représentent de manière presque complétement abstraite une figure humaine.

Recouverts de kaolin, ils ont une apparence lunaire, voire fantomatique. On appelle ces masques blancs « *nle ngen ntân* », la tête de la jeune fille blanche. D'après l'ethnologue espagnol A. Panyelle, ce masque était utilisé surtout par les hommes fang okak du sud de la Guinée Equatoriale et non par les femmes, contrairement à son appellation. On le sortait au moment du culte des morts : le « biere », la couleur blanche étant celle des esprits des morts.

Aujourd'hui, lors de cérémonies rituelles, le « ngontang » est porté par un homme qui dissimule son corps et ses membres.

« Jadis, note J. Binet, les fibres de raphia retombant des manches ou du pantalon dissimulaient

CONTEURS PROFESSIONNELS

Parmi les conteurs professionnels, le « mbon-mvet » – conteur-chasseur – du Sud-Cameroun, de la Guinée Equatoriale et du Gabon, occupe au sein de la société bantou-pahouine une position bien différente de celle du griot de la société de l'Ouest africain. Comme l'explique Jacques Chevrier dans son essai sur Les contes et récits traditionnels d'Afrique noire *(éd. Hatier) :*
« Le joueur de mvet est en effet un homme libre jouissant d'un grand prestige, qu'il doit à son ascendance et dont il manque rarement de rappeler la généalogie avant de débuter son récit. En se réclamant aussi ouvertement de ses ancêtres et de ses " pères ", c'est-à-dire de ses maîtres, le conteur-chanteur se situe donc clairement dans la hiérarchie sociale au-dessus des clans, et c'est la raison pour laquelle il préside à la plupart des cérémonies d'initiation. Revêtu d'un costume bien particulier comportant une coiffure de plumes d'oiseau, un manteau de peau de genette, un cache-sexe en pagne d'écorce et un collier de cauris, le joueur de mvet interprète des compositions de style épique, lyrique, voire satirique, et il peut également colporter des nouvelles du pays à un autre. A cette vocation d'animateur culturel et d'informateur, le mbôm-mvet en ajoute souvent une troisième, celle de médiateur dans les conflits qui surgissent inévitablement entre les clans. Il s'accompagne du mvet, sorte de cythare tétracorde, ainsi que de minuscules clochettes métalliques fixées à la fois aux annulaires et aux chevilles et, détail important, ce conteur-chanteur se sert parfois d'un aide-mémoire en forme de spatule sculptée afin de mémoriser les grandes lignes de ses compositions, dont l'ampleur peut atteindre plusieurs milliers de vers. »

mains et pieds. Maintenant on enfile des socquettes qui donnent aux mains un aspect inattendu. Le corps du danseur est recouvert de vêtements et d'une collerette de fibres attachée au heaume qui protège le cou, les épaules et la taille, des fibres et peaux de bêtes rappelant les vêtements traditionels. »

Pour effectuer cette danse, il fallait avoir subi une initiation spécifique, le danseur devant prendre une potion lui donnant le maximum d'aisance dans ses mouvements. Avant chaque cérémonie, il devait se frotter le corps de baume protecteur, observer une stricte continence sexuelle et porter des gris-gris. Accompagné d'une chanteuse également initiée, il sera ainsi que sa partenaire, peu à peu, possédé par l'esprit de la « jeune fille blanche ».

Les épopées du mvet

Aujourd'hui, on fabrique encore en pays fang quelques masques blancs à visages multiples. Ils ressemblent à des heaumes et sont portés par des danseurs revêtus de fibres. Les danses ont perdu leur caractère rituel et sont devenues des spectacles folkloriques comme un peu partout dans le monde.

Les Fang ne se sont pas contentés de sculpter des statuettes rituelles, ils ont également laissé un grand nombre d'objets, d'outils, d'armes et d'ustensiles usuels pour lesquels ils utilisaient les métaux. Ainsi en est-il des colliers de laiton en forme de manille, dont le métal provenait soit des mines de la RDC, soit de commerçants européens.

Des bracelets et de grands poignards, décorés de motifs géométriques étaient également fabriqués par d'habiles forgerons. Mais c'est en bois qu'on façonnait les fameuses harpes du mvet avec un talent de luthier digne des grands spécialistes européens de Crémone.

Typique du peuple fang, le mvet n'est pas seulement un instrument de musique, mais aussi une épopée accompagnée de la harpe. Souvent analphabète, le chanteur de mvet n'en est pas moins homme de grande culture. Véritable « bibliothèque vivante », il conserve et diffuse de village en village la tradition orale et en particulier les épopées qui racontent l'origine des Fang, leurs guerres, leurs héros, leurs dieux. Certains conteurs « mbon mvet » gardent parfois en mémoire plus de 70 000 vers. C'est dire la fragilité d'une tradition et d'un savoir liés à la mémoire d'une seule personne. Heureusement, de plus en plus de chercheurs vont prospecter les villages à la recherche de ces personnages vénérés, pour enregistrer et transcrire fidèlement par la suite ce genre en voie de disparition.

Le message du chef Angon

Voici un extrait d'une des épopées narrées par Eyi, un grand conteur traditionnel de la région de Mongomo. L'histoire se situe à Ngong, pays imaginaire où vivaient les guerriers immortels fang. Il est tout d'abord question de leur chef suprême Angon :

« A vingt heures, ses femmes lui donnèrent à manger. Quand il commença son dîner ; il vit une main avec un crayon lui tendre un message. La main et le crayon disparurent…

Ah ! Ah ! Ah ! Ils voulaient passer toute la nuit à déchiffrer le message. Il finit son repas. Il

La religion catholique est aujourd'hui pratiquée par plus de 90 % de la population, ici la fresque colorée qui orne l'autel de l'église d'Ebebiyin.

envoya ses femmes chercher ses soldats pour traduire le texte. Il connaissait beaucoup de langues mais n'arrivait pas à traduire le texte. Vint un premier garde, un deuxième garde, vint un troisième garde, puis un quatrième. Tous les quatre n'arrivèrent pas à traduire le texte.

Ah ! Ah ! Ah ! Personne n'y arrive. Après minuit il fait venir le grand conseiller Acomanba. On entre dans sa maison, mais personne n'arrive à déchiffrer le texte... On appelle alors le messager Nze Medang qui habite entre la terre et le ciel, il ne trouve pas non plus le sens du message. Il appelle son fils qui a soixante ans de formation et qui a vécu cent ans avec Dieu. Il connaît toutes les langues, il va trouver la solution. C'est Dieu qui a envoyé le message : ordre de comparaître au tribunal de Dieu. Car il a tué son frère. Ah ! Ah ! Ah ! »

Chants et danses bubi

Comme la plupart des Etats d'Afrique noire, la Guinée Equatoriale reste un haut lieu de la danse et des rythmes traditionnels. Aujourd'hui, ces derniers ne participent plus à des cérémonies religieuses, mais sont rentrés dans le folklore profane. En conservant néanmoins toute leur force d'expression et leur beauté.

Au cours des siècles passés, les voyageurs s'émerveillaient déjà devant ces rites rassemblant danseurs et musiciens. Spécialiste de la Guinée Equatoriale, le Dr Baumann décrit certaines danses

LE SCULPTEUR LEANDRO MBOMIO

Appelé en Guinée Equatoriale pour y remplir de hautes fonctions ministérielles, le sculpteur Leandro Mbomio a déjà eu le temps d'effectuer une carrière remarquée en Europe et en particulier en Espagne, avant de prendre une semi-retraite artistique à Malabo.

Né à Bata, en 1938, Leandro Mbomio est porteur de deux héritages : la grande tradition de la statuaire africaine et les apports des dernières recherches plastiques en Europe et aux Etats-Unis.

Etant Africain, il n'a eu aucun mal à vivre de l'intérieur les différents thèmes d'inspiration rituelle qui donnent tant de pouvoir de fascination à « l'art nègre ». On sait que les sculpteurs noirs traditionnels n'étaient pas considérés dans leurs villages comme des artistes voués à « l'art pour l'art », mais plutôt comme des artisans fabriquant des objets de culte. Imprégné de cette tradition depuis son enfance, Leandro Mbomio a voulu également y ajouter une solide formation aux arts plastiques contemporains. aussi dès 1960, se rend-il en Espagne pour suivre des cours à l'école de Céramique de Moncloa à Madrid ainsi qu'à l'école des Beaux-Arts de San Fernando.

bubi de l'île de Bioko, où on avait coutume d'utiliser des « cloches de bois » (probablement des petits tam-tams), frappés avec les deux mains. Ces cérémonies se déroulaient généralement par des nuits de pleine lune sur la place du village. Les musiciens assis formaient deux lignes face à face, tandis que les enfants et les jeunes filles entraient sur la piste. Des chants profonds et monotones s'élevaient et répétaient indéfiniment le même thème : « le requin a mordu la main du Bubi... »

En allant aujourd'hui à Rebola, à quelques kilomètres de Malabo, il est possible de pouvoir assister le jour et non la nuit aux ballets des petites danseuses de Rebola. Un spectacle où des fillettes de six à dix ans portant des jupes de fibres et peintes sur tout le corps de pois blancs forment des rondes accompagnées d'un guitariste. Elle préparent l'entrée des masques facétieux comme des clowns qui pirouettent et font des farces à l'auditoire villageois.

Le carnaval des Ndowe

Sur le continent au Rio Muni, les Ndowe de la région de Bata ont également leurs danses typiques comme le « mekuyo ». Revêtu d'un costume épais de chaume, le danseur porte également un masque aux traits stylisés et un grand voile blanc. C'est un « mamaracho » sorte de personnage de carnaval qui se produit au cours des fêtes civiles en Guinée Equatoriale. Il précède, lui aussi, le ballet « iwanga » des femmes

Parallèlement il suit avec attention les mouvements de la « négritude » lancés par les intellectuels et artistes noirs qui préparent l'indépendance de leur pays, comme Senghor, Césaire et Damas.
Mais étant un artiste-né, c'est surtout au travers de l'art qu'il cherche à comprendre la « négritude » en étudiant la statuaire africaine au Museo de Africa de Madrid.
Ses fréquents voyages dans le monde et notamment aux Etats-Unis et ses premières expositions en groupe ou individuelles l'ont amené à rencontrer et à se lier d'amitié avec les grands ténors de la culture contemporaine comme les écrivains d'Amérique latine, Gabriel Garcia Marquez, Pablo Neruda et Miguel Angel Asturias, ainsi qu'avec des peintres comme le Catalan Salvador Dali et des acteurs de cinéma tels l'Américain Sidney Poitier.

Cette figure de reliquaire « biere » surmonte une boite en écorce où sont déposés le crâne et les ossements des ancêtres.

Ce type de statuettes, d'une soixantaine de centimètres environ, se retrouve dans tout le pays fang okak, au Rio Muni et au Gabon.

ndowe, en tunique blanche et coiffées d'un bandeau à plumes.

Plus à l'intérieur du continent, les Fang ont conservé des traditions de danses. Parmi les plus spectaculaires : le « ndong mba », danse acrobatique où le danseur-funambule se hisse tout en haut d'un mât et se contorsionne au-dessus du vide.

Des visages d'hommes blancs

Les premières sculptures de Leandro Mbomio datent de 1955. Il est alors âgé de dix-sept ans et représentent de manière ironique des visages d'hommes blancs.

A cette époque Mbomio n'est pas encore allé en Europe et son pays est toujours sur la tutelle des Espagnols. Après quelques années d'études en Espagne, le sculpteur arrive à maturité et déjà en 1962 les critiques décèlent son profond talent. Carlos Arean écrit à cette époque : « Son futur chemin sera celui d'un grand sculpteur africain avec des influences techniques européennes, mais il ne sera pas celui d'un peintre à la manière européenne avec une thématique équato-guinéenne. »

En effet, avec ses premiers travaux qui ont permis à son talent de s'épanouir et grâce aussi à ses confrontations avec le monde artistique contemporain, Leandro Mbomio a pu définir avec rigueur sa démarche et l'intégrer dans celle des créateurs noirs qui recherchaient à l'époque leur authenticité.

Il en définira les grandes lignes en 1969, lors du Festival panafri-

LA HARPE : VOYAGE DU CRÉPUSCULE À L'AUBE

Les instruments de musique nombreux et variés sont destinés à accompagner ou à rythmer les danses et les chants au cours des rites et revêtent tous une valeur symbolique.
Le ngombi, harpe à huit cordes, est la représentation du corps de la femme, la voix est celle du ronflement des chutes où vivent les génies. Cet instrument occupe une place de tout premier plan dans le rituel et l'enseignement initiatique du bwiti.
La harpe est souvent assimilée à la pirogue dans l'imaginaire africain et elle est chez les Fang l'instrument privilégié du culte syncrétiste bwiti.
Une pirogue est d'ailleurs sculptée sur le pilier central du temple où chaque cérémonie est un voyage du crépuscule à l'aube au son de la harpe qui est elle-même considérée comme le début et la fin de toute chose : la pirogue de la vie. Celle qui permet la grande traversée jusqu'au monde où vivent les esprits des ancêtres.
Personnage réputé solitaire et entièrement dédié à son art, le harpiste ne joue pas. Il fait parler son instrument auquel il n'hésite pas à donner la paternité de son texte. C'est pourtant lui qui est le père de la harpe puisqu'avec l'aide d'un artisan, il en a dirigé et achevé la facture s'il n'en a pas hérité.

cain de la culture à Alger et se référant à la tradition africaine dont il est issu. Il dit « qu'il considère comme la base de tout développement son origine et sa source d'énergie et même comme l'habitacle où réside la force qui donne vigueur et accroît le pouvoir de l'homme. »

« Nous ne devons pas oublier, signale t-il que c'est cette dernière qui va permettre à chaque Africain de conserver son identité et qui lui donnera une personnalité grâce à laquelle il pourra offrir une image fidèle, spontanée et personnelle de ses aspirations les plus intimes. »

Se référant plus concrétement à l'art, il prévient que « les techniques de l'art européen peuvent nous être utiles aussi bien en peinture qu'en sculpture ou qu'architecturalement, à condition d'éviter le danger de dépouiller notre art et notre personnalité ». Il souligne également que l'artiste noir doit être capable d'offrir ses propres découvertes, interprétations et élaborations et en ce qui concerne plus strictement la culture, le devoir de faire fructifier les usages et les coutumes des ancêtres. »

A partir de 1968, l'œuvre de Leandro Mbomio atteint sa plénitude et certains critiques ont même parlé « d'âge d'or », car l'artiste a réussi à donner à ses œuvres une plus grande force expressive tout en épurant leurs formes jusqu'à l'abstraction.

Une œuvre africaine

Le travail de Leandro Mbomio a été très bien défini par son bio-

L'arc sonore est souvent joué en solo au cours des cérémonies. La tringle sonore qui symbolise la colonne vertébrale et les rituels du premier ancêtre mâle de l'humanité résonne avec les tambours dont le son est composé de la voix des génies. Il existe cinq types de tambours, de longueurs et de grandeurs différentes. Décorés ou non de figures humaines ou animales, ils se frappent les uns avec la paume de la main, les autres avec des baguettes. Les cloches qui traduisent les battements du cœur peuvent être avec ou sans battant extérieur en bois ou en fer avec un manche recourbé comme la canne des juges. Il en existe une qui, attachée à une corne d'antilope, n'est utilisée qu'à des fins prophylactiques. Au cours d'appels s'ajoutent les sonnailles de danse portées à la ceinture et les hochets dont les sons ressemblent au cri du tisserin et au frottement de la queue de porc-épic. Les mirlitons qui sont les sifflets des génies font entendre la voix de l'être suprême.

NUTREXPA
Cola

L'art de la fresque murale est très répandu en Guinée Equatoriale, ici une scène fixée sur les murs qui entourent le stade de Bata.

graphe Carlos Arean : « Son œuvre est toujours essentiellement africaine même si en ce qui concerne l'utilisation de nouveaux procédés et de nouvelles techniques, il est possible de la situer dans le cadre de l'art espagnol actuel. L'Espagne étant le pays où il a réalisé la plus grande partie de ses études.

Synthèse entre la tradition autochtone et les possibilités techniques occidentales, il y a dans ses réalisations sculpturales un reflet de la prise de conscience de ses propres valeurs.

Non pas d'une manière ankylosée, mais au moyen d'une réinsertion dans son œuvre de nouvelles nuances apportées à ces valeurs par la réception des problèmes propres à notre siècle et par la situation géographique de son pays.

Artistes fang

Ce n'est pas néanmoins un cas isolé, mais plutôt une prise de position déjà commencée par d'autres artistes appartenant au même peuple fang et entre lesquels on peut citer : Singo, Ona, Obiang Ncama et Bayeme, tous sculpteurs professionnels qui ont lutté pour réélaborer les vieux archétypes en leur incorporant leurs expériences personnelles mais sans renoncer à leur traditionnelle conception de la forme et à l'ordination de l'espace, héritée de leurs ancêtres.

Mbomio est fils d'un sculpteur fang qui fut officier dans l'armée espagnole, arrière-petit-fils de Mbomio Bad, prestigieux Fang qui a lutté contre l'esclavage et cousin du grand sculpteur Eyama Ona Mbomio. Il est aussi apparenté à Ntutumu Nsi-Engo (Singo) sculpteur connu, originaire du Gabon appartenant également au groupe des Fangfang.

Leandro a donc vécu depuis son enfance dans une ambiance cultivée et artistique qui avaient déjà affronté l'évolution sans perdre ses propres concepts et permis l'entrée de procédés techniques occidentaux pour le dégrossissement et la taille du bois.

En contemplant les œuvres réalisées par ses parents, Leandro a eu l'intuition que les sculptures constituent en Afrique noire un authentique bien commun et servent de lien rituel entre le passé de ses ancêtres et un futur créateur auquel il voudrait incorporer ses nouvelles expériences, dérivées d'une prise de conscience de son immersion dans d'inédites et très changeantes tendances religieuses, sociales et politiques. »

L'essor de la variété

La musique de variété équato-guinéenne s'éveille et malgré la forte concurrence des chanteurs venus du continent et en particulier du Cameroun, quelques vedettes commencent à percer comme Bessoso, Maélé, Juan Eyimi, Mona Sinépi, Epico Penda ou Euma, première chanteuse à avoir enregistré un disque. Sa musique s'inspire du « bikoussi », mêlant la musique traditionnelle, qui se joue avec des morceaux de bois, avec des rythmes plus modernes et des instruments synthétiques.

Très populaire dans son pays, Bessoso Nsue Baltazar est un des phares de cette nouvelle musique équato-guinéenne. Ancien bibliothécaire et postier, il se consacre aujourd'hui entièrement à la musique et a déjà enregistré une demi-douzaine de disques et s'est produit à l'étranger aussi bien en Espagne qu'en Russie et à Cuba.

Sa vocation remonte à sa tendre enfance et c'est au lycée technique de Bata qu'il a débuté, faisant partie pour la première fois de l'orchestre de l'établissement.

Il rejoint ensuite le groupe Mélé en 1979 avant de constituer son propre groupe qui porte son nom « Bessoso ».

Une autre idole de la musique en Guinée est Maélé (Martinianao Elé). Comme Bessoso, Maélé est originaire de Bata où il est né en 1958. Très jeune, il est lui aussi passionné par la musique et il prend des cours à la Mission catholique, en même temps qu'il étudie pour préparer son baccalauréat.

En 1978, il fait partie de l'orchestre du lycée de Bata et fonde son premier groupe. En 1983, il enregistre son premier disque *Evon N'Guam* – la jeune fille –, et entreprend alors une grande tournée en Afrique centrale et en Espagne.

La peinture naïve

A l'exception de Leandro Mbonio, qui est surtout sculpteur mais qui a peint plusieurs toiles d'excellente facture, comme celle intitulée *Elat Ayong*, la Guinée Equatoriale ne compte pas de grands talents de peintres.

Un artiste naïf, originaire de Batete, Candido Buna, mérite pourtant que l'on s'attarde sur ses toiles. Il s'exprimait sur des thèmes qui lui étaient chers : portraits de ses proches, scènes de la vie quotidienne du village ou encore paysages semi-imaginaires.

Au hasard du voyage, on pourra aussi découvrir des talents jusque là méconnus comme celui de Filiberto, vivant dans la région de Mongomo au Rio Muni.

Sur de petits formats, il a immortalisé des scènes savoureuses et satiriques de l'occupation coloniale espagnole.

A noter aussi les excellents dessins d'Eva Alcaïde reproduits sur des cartes postales représentant des scènes de la vie quotidienne en Guinée Equatoriale : la récolte et la coupe des cabosses de cacao, les bals populaires, les scènes de marché...

Depuis la découverte du pétrole dans les eaux équato-guinéennes, le port de Malabo accueille de nombreux cargos et tankers.

l'économie

■ Avant l'indépendance, la Guinée Equatoriale, sous tutelle espagnole, avait une économie florissante et la réputation de produire le meilleur cacao du monde.

Avec l'arrivée au pouvoir, en 1969, du premier président de la République, Macias Nguema, le pays entre dans une période noire qui durera dix ans et aboutira à la dégradation du pays.

En raison des méfaits perpétrés contre eux, les travailleurs immigrés venus d'Afrique de l'Ouest désertent les plantations tout comme les techniciens européens travaillant dans le pays.

L'arrivée des Soviétiques, plus soucieux d'installer des bases militaires que d'aider au développement du pays, ne sort pas la Guinée Equatoriale d'un certain marasme.

Un pays à relancer

C'est donc un pays très affaibli que trouva le nouveau président Teodoro Obiang Nguema en 1979. Comptant à cette époque parmi les pays les plus pauvres du monde, le nouveau gouvernement s'attèle à recréer une stabilité politique, lance un ambitieux programme de reconstruction nationale en donnant la priorité à la relance de l'agriculture et tente de sortir le pays de l'abîme où « le miracle unique de la Guinée Equatoriale », nom que donnait Macias Nguema à sa politique économique, l'avait plongé.

Dans un premier temps, le pays renforçait ses relations diplomatiques avec Madrid, son ancienne métropole, la France, ainsi qu'avec

L'IGNAME : LA RACINE DES BUBI

■ *En fang,* envui, *en bubi,* elo. *C'est le principal aliment des Pygmées et depuis les temps les plus anciens, les Bubi vouent eux-aussi à l'igname un intérêt marqué, cette racine étant la base de leur alimentation.*

Il s'agit principalement parmi les quinze variétés présentes à Fernando Poo de la variété Discorea cayebsis lam. *La valeur alimentaire de l'igname et son rendement par unité de surface sont supérieurs à celui de la pomme de terre.*

La fête de l'igname, le « roomo », présidée par un prêtre bubi, « abba », ou à la cour de Moka le prêtre suprême, « Mate Moto », consiste après le plantage des ignames et le sacrifice d'une chèvre, à favoriser la fertilité des cultures.

Au XIXe siècle, Fernando Poo ravitaillait en féculents les navires croisant dans le golfe du Biafra : 22 000 ignames exportées en 1856. Toute l'économie des Bubi gravitait alors autour de ce commerce. Fernando Vivour fut un grand commerçant d'ignames, les Ibo travaillant dans les plantations cacaoyères apportèrent avec eux diverses variétés du Biafra voisin.

Avec le développement des plantations de cacao et de café sur l'île de Bioko, la majeur partie de la consommation d'ignames est maintenant importée du Nigeria.

la plupart des grandes organisations internationales. En 1983, le pays est admis au sein de l'UDEAC (Union des Etats d'Afrique centrale) et de leur banque (la BEAC). En 1985, le pays dévaluait de 82 % sa monnaie, l'ekwele, non convertible, et donc un sérieux frein à l'investissement étranger, et intégrait la zone franc.

Cette volonté de rompre l'isolement de la Guinée Equatoriale par rapport aux autres pays d'Afrique centrale est née en 1980, lors du sommet économique de l'OUA (Organisation de l'unité africaine) à Lagos. Les chefs d'Etat avaient alors préconisé la constitution d'ensembles économiques régionaux cohérents, afin de mieux harmoniser les activités politiques et commerciales de la sous-région.

A cette époque, l'économie équato-guinéenne qui dépendait essentiellement de ses deux grands produits agricoles – le cacao et le bois – subissait la crise économique mondiale et la chute des cours internationaux des matières premières. S'ajoutant à l'héritage de « la période noire » du règne de Macias Nguema, ce retournement des cours du cacao et du bois a contribué à annihiler les premières tentatives de redressement.

La politique du « pain sec »

Courageusement, le pays s'est imposé une politique très stricte d'ajustement structurel, prônée par le FMI (Fonds monétaire international), organisme regroupant les grands pays industrialisés et qui intervient dans les pays du Tiers Monde pour financer leur développement à condition d'accepter des mesures d'austérité.

Tout en se mettant volontairement au « pain sec », le pays a bénéficié de l'appui financier de plusieurs partenaires européens, comme la France qui, à différentes reprises, a signé des conventions financières de plusieurs dizaines de millions de francs.

Comme le soulignait le ministère de la Coopération française après la signature d'une de ces conventions en 1989 : « La France manifeste ainsi sa solidarité à l'égard d'un pays qui s'est engagé dans un processus de réhabilitation de son économie et de réduction des déséquilibres financiers internes et externes, en adoptant dans un contexte économique international défavorable, des mesures courageuses d'ajustement. »

Un fort endettement

Il n'en reste pas moins que la Guinée Equatoriale a dû fortement s'endetter durant plusieurs années jusqu'à atteindre la côte d'alerte : 230 % du PNB en 1987 (soit 169 millions de dollars pour un PNB de 72 millions de dollars).

Par ailleurs, les mesures d'austérité étaient à la limite du supportable, aussi le gouvernement équato-guinéen était-il obligé de « lâcher du lest » afin d'empêcher une explosion sociale. C'est ce qui a été fait en janvier 1990, lorsqu'il a déclaré par décret une augmentation de l'ordre de 50 % des salaires du secteur privé avec un salaire mensuel minimum fixé à 55 000 FCFA, alors qu'il n'était que de 10 000 FCFA.

C'était la première fois que les autorités de Malabo prenaient une telle mesure sociale, depuis l'entrée de l'ancienne colonie espagnole dans la zone franc. D'après ces mêmes autorités, il s'agissait

Le bois d'œuvre est la troisième ressource économique du pays.
Ici un grumier chargé d'okoumé sur la route de Niefang.

de rattraper le retard du pays en matière de salaires par rapport aux autres membres de l'UDEAC.

Cette mesure visait également à rééquilibrer les salaires des Equato-Guinéens par rapport à ceux des étrangers travaillant dans le pays. Certaines sociétés étrangères implantées dans le pays se seraient vues reprocher une politique salariale discriminatoire, lésant les travailleurs nationaux, comme le cas d'employés camerounais touchant des salaires deux à trois fois plus élevés que les nationaux.

Cette hausse, bien accueillie par la population locale, a en revanche mécontentée les patrons en majorité espagnols, libanais et français.

Le FMI a, quant à lui, désapprouvé cette nouvelle politique sociale estimant que la plupart des indicateurs d'alerte de l'économie guinéenne étaient encore au rouge et que les mesures d'assainissement financier et économique n'avaient pas encore porté leurs fruits.

Le meilleur cacao du monde

L'agriculture fut longtemps la première activité économique du pays, occupant plus de 50 % des terres et 70 % de la population active, contre 5 % pour l'industrie et 20 % pour les services.

En tête, la culture du cacao qui prit très vite de l'expansion : en 1969, année de l'indépendance, le pays produisait plus de 34 000 tonnes réparties dans un millier de plantations sur 50 000 ha, majoritairement installées sur l'île de Bioko. Après l'expulsion en 1974, sous Macias Nguema, de 30 000 ouvriers agricoles nigérians la production tombera à 5 582 tonnes en 1978-79.

Un peu moins de dix ans plus tard, la production remontait doucement pour atteindre 8 188 tonnes. Les recettes de fèves de cacao s'élevant à 9, 2 millions de dollars en 1987, contre 13 millions l'année précédente.

Cette stagnation s'expliquait à l'époque par le vieillissement des cacaoyers, aussi les autorités décidaient de lancer un vaste programme de rénovation des plantations avec le concours de la Banque Mondiale et de l'Union Européenne.

En 1980, d'après la Chambre de commerce de Malabo, la production aurait atteint les 9 000 tonnes et rapporté 3,6 milliards de FCFA de recettes.

A noter que plus de 80 % de ces exportations étaient constituées de cacao de qualité supérieure, ce qui contribua largement à conforter le pays dans sa réputation de meilleur cacao du monde.

Depuis quelques années, les quantités destinées à l'exportation de cacao ont sensiblement diminuées pour atteindre en 1998 8 000 tonnes.

La production du café

Autre culture d'exportation : le café qui lui aussi a été importé au siècle dernier de l'archipel de São Tomé et surtout cultivé dans la partie continentale. Il n'a pas retrouvé les hauts niveaux de production atteints avant l'indépendance, 9240 tonnes en 1960 contre 326 tonnes en 1986-87, 439 tonnes en 1987-88.

Aujourd'hui, la production est de 7 000 tonnes. Outre l'impact du régime Macias Nguema, cette bien trop faible remontée de la production s'explique également par le trop faible prix d'achat pratiqué, ce qui incite les producteurs à vendre clandestinement leur café dans les pays proches comme le Gabon ou le Cameroun.

Le bois d'œuvre

La troisième ressource est constituée par le bois d'œuvre, car la forêt couvre 2 200 000 ha, dont 400 000 sont exploités.

Avant l'indépendance, la production de bois atteignait plus de 350 000 m³ par an. A la fin du règne de Macias Nguema, elle ne dépassait pas 7 000 m³ annuellement. Depuis elle est sensiblement remontée pour atteindre en 1989 140 000 m³ et 607 000 m³ à la fin de l'année 1998. Les exportations de bois de l'ordre de 4,7 milliards de FCFA en 1993 ont rapporté 13,3 milliards l'année suivante, puis 17,9 milliards en 1995.

L'okoumé, essence utilisée pour le contreplaqué d'une densité de 0,60-0,80 est un arbre qui peut mesurer de 35 à 45 mètres de hauteur au tronc épineux d'un fût de 100 à 105 cm.

C'est une essence caractéristique de la forêt secondaire. Son bois un peu rosé tendre et léger se prête facilement au déroulage en vue de la fabrication du contreplaqué.

L'exploitation des forêts équato-guinéennes s'effectue surtout à l'intérieur du Rio Muni qui compte des centaines d'essences. Des concessions ont été cédées à des sociétés malaysiennes.

Autrefois, la Guinée Equatoriale comptait de nombreuses scieries et usines de déroulage. Aujourd'hui, les produits bruts (grumes) sont directement expédiées depuis le port de Bata vers l'Espagne, l'Italie, la France et l'Asie du Sud-Est.

L'abaca, bananier des Philippines fournit du « chanvre de Manille ». Exploité depuis le début du siècle en Guinée Equatoriale, ce chanvre est très utilisé en corderie, car il fournit des câbles plus résistants à l'action corrosive de l'eau de mer que le chanvre ordinaire.

Le palmier à huile

Le palmier à huile est un arbre très sobre qui fut introduit dans le golfe de Guinée en provenance de savanes arborées et des galeries forestières de l'Oubangui. L'huile qu'il fournit constitue avec l'igname et le manioc, la principale base de l'alimentation.

Les nombreuses factoreries installées depuis le XVIIe siècle sur les côtes du Rio Muni et de Fernando Poo trafiquaient surtout de l'huile de palme. Jusqu'à la Première Guerre mondiale, il n'y eut en Guinée Equatoriale qu'une production indigène d'huile de palme qui présentait l'avantage de ne pas être soumise aux fluctuations du marché : si les prix baissaient l'exploitation cessait tout simplement pour ne reprendre qu'en cas de hausse.

En 1917, un Allemand installa une plantation de palmiers à huile à Mokambo près de Mikomeseng. Avec l'introduction de la transformation mécanique des fruits, démarrèrent les premières plantations industrielles européennes où on rencontre principalement les variétés Deli et Sumatra, avec lesquelles on atteint des rendements minima de 1 000 tonnes par hectare.

Rien ne se perd dans le palmier. Son stipe sert à fabriquer des poutres. Ses feuilles se transforment en balais, paniers, boîtes.

Le cacao est surtout cultivé sur l'île de Bioko ;
ici le sulfatage à la Finca Sampaca.

Ses rafles brûlées donnent une cendre utilisée comme engrais et savon. Ses tourteaux nourrissent le bétail et ses rachis servent à fabriquer des meubles. Dans ses racines, on trouve des substances aux vertus médicinales. Quant à la pulpe du palmier à huile, elle offre une huile rouge utilisée pour la cuisine et son amande se transforme en savon et produits cosmétiques. Dans ses veines coule une sève qui se mue en vin et qui, une fois fermentée, donnera un alcool.

Le manioc des Fang

Parmi les cultures de subsistance, le manioc arrive en tête sur le continent. C'est l'aliment principal, sous sa forme séchée, des Fang.

Avec le fort développement des plantations indigènes, cacao et café, depuis 1930, au Rio Muni, la production en masse de manioc, s'avéra nécessaire pour alimenter le personnel, comme la plantation d'Akurenam.

Initialement destiné à la production locale, le manioc devint très vite un produit industriel et d'exportation, l'essentiel étant importé par l'Espagne où la farine de manioc était mêlée à celle de froment pour la confection du pain. A Santa Isabel, fonctionnait des ateliers de tapioca, fécule et amidon.

Elevage et pêche artisanale

Quant à l'élevage des bovins, des fermes expérimentales fonctionnent en altitude, notamment à Moka au sud de l'île de Bioko. Le petit élevage est très répandu dans les villages équato-guinéens, comme la volaille, les porcs, les chèvres et les moutons.

On consomme aussi beaucoup de viandes de brousse : petites antilopes, porcs-épics, singes, pangolins.

En 1973 et pour permettre à ses alliés soviétiques d'exploiter industriellement les ressources halieutiques des eaux guinéennes, le président Macias Nguema avait interdit la pêche artisanale aux nationaux.

Appuyée par le nouveau gouvernement et de grandes organisations internationales comme la FAO, dépendante des Nations unies, la pêche a repris, assurée par la population locale. Elle est effectuée près des côtes à bord de pirogues à rames ou à moteur par les Ndowe du Rio Muni et les insulaires d'Annobon qui ramènent chaque année plus de 300 tonnes de poissons : thons, pagres, soles, requins, capitaines, ainsi que des crustacés et de grosses tortues de mer.

L'essor de la pêche industrielle

La pêche industrielle qui nécessite des bateaux de lourd tonnage, est assurée par les armements européens dont les pays ont signé les accords de Madrid en 1986 dans le cadre de la CEE.

En contrepartie de ces concessions octroyées par le gouvernement équato-guinéen, les pêcheurs européens doivent offrir des compensations financières et une partie de leurs captures.

Au total, la pêche industrielle réalisée par des étrangers se monte chaque année à plus de 22 200 tonnes de poissons, coquillages et crustacés. Mais le potentiel de la pêche ne semble pas être exploité à fond, avec une zone maritime couvrant 300 000 km^2, le pays pourrait escompter 74 000 tonnes de poissons par an et 600 tonnes de crustacés. D'autres accords ont également été signés avec des Etats du golfe de Guinée, comme le Nigeria et le Cameroun.

La houille blanche

Comptant de très nombreux cours d'eau, la Guinée Equatoriale entend utiliser son potentiel hydroélectrique de manière à remplacer l'électricité fournie par les centrales thermiques plus coûteuses.

Actuellement, la consommation de la capitale, Malabo, est assurée à 60 % par une centrale thermique et à 40 % par des groupes électrogènes privés à forte consommation et à rendement médiocre.

La centrale hydroélectrique de Musola, près de Luba, au sud-ouest de l'île de Bioko a été réhabilitée et son réseau étendu à 1460 kilowatts.

Toujours dans l'île de Bioko, une centrale hydroélectrique d'une puissance de 3,6 mégawatts a été installée sur le rio Riaba. Financé par la Banque européenne d'investissement et la Caisse centrale de coopération économique française, cet important ouvrage fournit une partie de l'électricité à la capitale. La centrale comporte une digue de terre armée de 200 m sur une hauteur de 14 m, formant une réserve d'eau de 35 000 m^3 et une galerie centrale d'amenée d'un kilomètre.

Elle est équipée de deux groupes turbo-alternateurs d'une puissance unitaire de 1,9 MW et d'une ligne de 75 km la raccor-

LES INDICATEURS DU PAYS

Données économiques : PNB : 48 milliards de francs.
PIB par secteur : agriculture 61%, industrie 11 %, services 28%.
Budget de l'Etat : recettes : 5,58 milliards de F CFA, dépenses : 7,95 milliards de F CFA.
Commerce extérieur : exportations : 11,1 milliards de F CFA.
Importations : 17,4 milliards de F CFA.
Agriculture et forêt : 23 % du PIB en 1997.
Mines et industries : 2,9 millions de tonnes de pétrole.
Production pétrolière : 97 000 barils/jour (en 1999).
Taux de croissance économique : 6 % par an.
Le déficit extérieur est passé de 104 % en 1996 à 38 % en 1997.
Le PIB est de l'ordre de 190 millions de dollars, ce qui assure à chaque Equato-Guinéen un revenu moyen annuel d'environ 430 dollars.
L'espérance de vie est de 50 ans avec des taux bruts de natalité et de mortalité qui sont respectivement de 44 % et 19 %, soit une croissance démographique annuelle de 2,6%.
Population : 480 000 habitants, dont 29 % urbain et 71 % rural.
Densité : 18 habitants au km².
Superficie : 28 051 km², dont 26 020 pour la partie continentale.

L'usine de production de méthanol en construction au nord de Malabo sur l'île de Bioko.

dant à Malabo ainsi que d'un poste de transformation.

Sur le continent, des travaux de rénovation ont doté la centrale thermique de Bata au Rio Muni de deux groupes d'une puissance unitaire de 700 KW.

Les sables aurifères

Il y a de l'or partout au Rio Muni, mais en quantités infimes. Des sables aurifères existent dans le Rio Tega et dans les couches supérieures de nombreuses rivières de l'intérieur et plus particulièrement dans le bassin de Ntumu près d'Ebebiyin : 50 cm par m^3 de sable lavé. Dans les « *bed rocks* » du sud du Rio Muni, les alluvions quartzitiques montrent souvent des pépites d'or.

On signale également de l'or à Mikomeseng, à Mongomo et surtout à Kukumankok, où un Français a installé un système de lavage ayant fourni 3 grammes au m^3.

L'or noir et le gaz naturel

C'est le secteur le plus prometteur pour l'économie équato-guinéenne, même si les ressources qu'il va procurer sont limitées dans le temps, car on estime à dix ans les réserves connues à ce jour. En 1997, la production a atteint 2,5 millions de tonnes, soit le double de 1996. Le pétrole a désormais détrôné le bois pour la rentrée des devises à l'exportation. Les recettes pétrolières sont passées de 4,9 milliards de FCFA en 1992 à 17,6 millions en 1995.

LE PÉTROLE : L'OUVERTURE ÉCONOMIQUE

L'arrivée de la Guinée Equatoriale dans le cercle convoité des producteurs de pétrole brut a donné un formidable élan à son développement. Aujourd'hui l'industrie d'exploitation des hydrocarbures est en plein essor. La recherche pétrolière commence dans les années cinquante par une longue série de prospections infructueuses.
En 1980, une campagne d'explorations laborieuse est menée par la GEPSA, société mixte associant à parts égales l'Etat équato-guinéen et l'entreprise Hispanoil, au large de l'île de Bioko, et par le groupe Elf, le long des côtes continentales. Jugeant leurs découvertes insuffisamment rentables les opérateurs se retirent. A la fin des années 1980, le gouvernement de Malabo envoie plusieurs dizaines de ses étudiants à l'étranger dans des instituts spécialisés dans l'industrie pétrolière. En 1990, il signe un accord avec Walter International, concédant à cette entreprise du Texas la mise en valeur d'un champ proche de l'île de Bioko. L'évolution des techniques, l'abaissement des coûts d'exploitation et la solide expérience de la compagnie dans le traitement des gisements lui permettent d'identifier des bassins rentables. Le site que l'on baptise Alba révèle rapidement une capacité de 68 millions de barils de condensat (mélange de brut et de gaz liquéfié), et une réserve de gaz de 3 milliards de m^3, le tout exploitable sur dix ans.

En l'an 2000, la Guinée Equatoriale escompte une production de près de 80 000 barils par jour.

Depuis juillet 1999, Turbogaz 1 produit 10 mégawatts et relaie l'unique centrale au fuel, construite il y a une vingtaine d'années avec l'aide de la coopération française, dont dispose l'île de Bioko.

La principale originalité de la nouvelle centrale est qu'elle utilise une partie des importantes quantités de gaz, jusqu'à présent inemployées, que la torchère située près de l'aéroport brûlait en pure perte depuis quatre ans.

Vers la création d'une zone franche

Si l'industrie est encore peu développée en Guinée Equatoriale, en revanche le commerce et en plein essor et des supermarchés s'ajoutent maintenant aux marchés traditionnels, ainsi qu'aux boutiques tenues en partie par les Libanais, les Camerounais et les Nigérians.

Parmi les projets gouvernementaux liés au développement de l'industrie, l'assistance aux petites et moyennes entreprises ainsi que l'aménagement d'une zone franche dans l'île de Bioko devraient largement profiter au secteur secondaire du pays, suscitant l'implantation de firmes étrangères exportatrices.

L'aménagement récent d'un grand centre de télécommunications internationales (GETESA) à Malabo financé avec le concours de la Coopération française, a permis de faire bénéficier le pays de communications téléphoniques

En 1995, Walter International vend ses droits à la société GMS Nomeco qui extrait actuellement d'Alba plus de 6 000 barils par jour. Mais c'est avec l'entrée en jeu de deux autres compagnies originaires des Etats-Unis en 1992 que l'exploitation pétrolière équato-guinéenne décolle véritablement. En mars 1995 le gisement off-shore baptisé Zafiro *au nord-est de Malabo devient le principal site de production d'hydrocarbures du pays.*
En 1996, Mobil réforme un de ses supertankers et l'achemine depuis le golfe du Mexique jusqu'au site et le transforme en plate-forme fixe. Des oléoducs flexibles transfèrent le brut jusqu'au navire où on procède à une première séparation du gaz, de l'eau et des hydrocarbures, lesquels sont ensuite évacués par une rotation de pétroliers de moyen tonnage.
Avec la mise en service de nouveaux puits en 1997, Topacio 1 et 2, ainsi que Zafiro produisent actuellement 90 000 barils par jour qui rapportent en moyenne 200 millions de dollars par an à l'Etat équato-guinéen.
En septembre 1999, un important gisement de pétrole a été découvert au large des côtes de Mbini à 40 km au sud de Bata par la compagnie américaine Triton. Ce gisement pourrait être le plus important du golfe de Guinée selon les premières estimations.

avec le monde entier et renforcé le réseau local.

Trois ports commerciaux

Le port de Bata, avec ses 600 m de quais peut traiter 240 000 tonnes par an. Il est en tête pour le trafic commercial avec 21 848 tonnes entrées et 116 799 tonnes sorties dont une majorité de grumes.

Vient ensuite le port de Malabo, 204 m de quai, une capacité de 200 000 tonnes par an avec 44 712 tonnes entrées et 9 539 tonnes sorties.

Luba, au sud de l'île de Bioko, traite 156 tonnes entrées et 75 tonnes sorties.

A l'importation, les ports équato-guinéens reçoivent surtout des produits pétroliers raffinés (plus de 20 000 tonnes) et des produits alimentaires (plus de 10 000 tonnes). Ainsi que des matériaux de construction (7 000 tonnes), des machines et équipements (4 600 tonnes), des vêtements et chaussures (2 450 tonnes), du tabac et des cigarettes (306 tonnes).

A l'exportation, les plus forts tonnages sont atteints par le bois, 127 500 tonnes étant évacuées par Bata, tandis que les fèves de cacao (9 000 tonnes) et le café (439 tonnes) sont transportées par Malabo.

La modernisation des aéroports

Deux aéroports internationaux permettent de se rendre en Guinée Equatoriale : Malabo et Bata. Celui de Malabo dans l'île de Bioko est le plus moderne et susceptible d'accueillir les gros porteurs des compagnies internationales comme Air Afrique, Iberia, Swissair... Celui de Bata ne permettant d'accueillir, par sa piste trop courte, que des petits et moyens porteurs. Des travaux sont actuellement programmés, financés par la BAD, le Fonds du Koweit et le gouvernement équato-guinéen, afin qu'à court terme la plateforme de Bata devienne le premier aéroport international du pays, dans la perspective d'un développement du tourisme jusque-là quasi inexistant.

Pour le moment, c'est encore l'aéroport de Malabo qui connaît le plus gros trafic aérien avec par an 17 000 passagers au départ et 17 500 à l'arrivée et 120 tonnes de fret à l'export et 623 tonnes à l'import. Bata ne reçoit que 7 800 passagers, 7 200 au départ, 100 tonnes de fret à l'export et 30 tonnes à l'import.

L'assistance de l'Espagne

Par tradition, les relations politiques et économiques avec Madrid, l'ancienne métropole, sont restées très fortes, même si elles ont connu quelques avatars au temps de l'ex-président Macias Nguema. Ce dernier ayant remplacé la coopération espagnole par celle des pays de l'Est, notamment l'Union Soviétique. Résultat, les relations de la Guinée Equatoriale avec ses voisins et avec les pays occidentaux se sont sensiblement distendues.

Avec l'arrivée au pouvoir du président Teodoro Obiang Nguema, les rapports du pays avec l'Espagne sont redevenus plus étroits et Madrid a envoyé sur place une importante équipe de coopérants, ceux-ci travaillant dans divers secteurs, comme la santé, l'éducation, la défense, la sécurité ainsi que dans divers pro-

Zafiro, un ancien supertanker reconverti en plateforme de forage, est le principal site d'hydrocarbures du pays.

jets de développement économique.

La coopération française est plus récente, bien que d'importantes relations économiques et religieuses aient été développées dès le début du XXe siècle au Rio Muni.

Cette coopération a été lancée par le président Pompidou lors d'un voyage officiel au Cameroun en 1973, alors que Macias Nguema était encore au pouvoir.

La France s'est ainsi placée pour exploiter en particulier les richesses forestières du pays et a financé de nombreux projets économiques comme la modernisation du port de Bata, la recherche pétrolière et la construction et la rénovation de bâtiments publics.

Une nouvelle coopération française

Avant que le nouveau président n'arrive au pouvoir en 1979, la France était le dernier pays à avoir conservé des relations diplomatiques avec la Guinée Equatoriale. Depuis, elle a aidé ce pays à intégrer la zone franc, ce qui a imposé aux dirigeants et hauts fonctionnaires de parler français.

Pour les y aider, les deux centres culturels français de Malabo et de Bata, implantés dans les années quatre-vingt, ont dispensé des cours de langues. Plusieurs conventions de financements ont également été signées ces dernières années afin de soutenir l'effort de redressement économique.

Par ailleurs, la copération française s'est aussi manifestée dans le domaine rural : financement de programmes de développement dans les départements de Niefang, Anisok et Mikomeseng au Rio Muni. Ont été réalisés : la centrale hydro-électrique de Riaba dans l'île de Bioko ainsi que le Centre de télécommunications internationales dans la capitale. Enfin l'aide de la France a permis l'implantation de la première banque du pays : la BIAO et d'une agence de l'ASECNA chargée de la sécurité et de la navigation aérienne.

Les relations avec le FMI

Depuis août 1995, la politique économique et financière du gouvernement ne s'inscrit plus dans la ligne du programme d'ajustement économique et de réforme approuvée par le FMI en 1994.

La deuxième tranche de la facilité d'ajustement structurel a été suspendue et la dernière échéance prévue en novembre 1997 par le FMI n'a pas permis de la débloquer.

Les recommandations du FMI restent les mêmes pour l'essentiel, à savoir : assainir la situation financière et mettre en œuvre les réformes structurelles et notamment la gestion budgétaire ; faire face aux engagements intérieurs et extérieurs ; améliorer les infrastuctures et développer les investissements sociaux, notamment l'éducation et dans le domaine de la formation ; aider au démarrage d'une industrie.

Le palais des Congrès

Le 23 juin 1999 s'est tenue pour la première fois à Malabo la CEMAC (Communauté économique et monétaire d'Afrique centrale) qui regroupe 6 pays : le Cameroun, la République Centrafricaine, le Gabon, le Tchad, le Congo et la Guinée Equatoriale.

Un palais des Congrès de couleur beige, ni ostentatoire ni surdimensionné, offre ses 600 places. Un parc voisin abrite seize villas entièrement équipées où ont été logés les chefs d'Etat participant au sommet.

Les efforts en matière d'éducation

Selon une étude du ministère de l'Education et des Sciences en 1996, l'enseignement a réalisé une expansion considérable. Le taux brut de scolarisation a atteint 81 %.

Cependant, le système de l'enseignement connaît des problèmes importants : l'âge tardif des enfants à l'entrée à l'école, aggravé par un fort redoublement de mise à niveau des élèves ; les classes peu nombreuses et surchargées (plus de 100 élèves par classe) ; le taux encore assez fort de l'analphabétisation ; le manque de moyens pédagogiques des enseignants ; le manque de motivation de ces derniers et par voie de conséquence, des élèves...

Cependant, l'Etat fait de gros efforts pour pallier toutes ces difficultés, par exemple, la gratuité de la scolarité, la réduction de l'analphabétisation de 37 à 27 %, la construction de 170 nouvelles salles de classe primaire, la formation de 178 nouveaux instituteurs, l'amélioration du matériel scolaire (bureaux, pupitres...), l'organisation de cours d'actualisation et de capacité des professeurs, le développement de la formation technique et professionnelle, l'amélioration de l'éducation des femmes...

L'école primaire débute à six ans jusqu'à onze ans. Le secondaire débute à douze ans, pour une période de sept ans divisée en deux cycles : quatre et trois ans. En 1993-1994, le premier cycle était fréquenté par 75 751 enfants dans 781 écoles composées de 1 381 enseigants. En 1990, 578 élèves fréquentaient l'enseignement supérieur. Depuis 1979, l'assistance et le développement de l'éducation sont dispensés par l'Espagne.

L'université de Malabo et son annexe de Bata sont administrées par la Universidad Nacional de Educacion a Distancia espagnole.

Le gouvernement français alloue également une aide financière pour l'éducation.

En 1993, le budget du gouvernement à l'éducation s'élevait à 734 millions de F CFA.

TRIBUNAL CONSTITUCIONAL

site par site

L'ÎLE DE BIOKO

■ L'approche en avion sur la ville est superbe. Reliant le continent à Malabo, capitale de la Guinée Equatoriale, les appareils longent la côte camerounaise, laissant entrevoir à droite le mont Cameroun et à gauche, l'île de Bioko comme un gros rocher vert et pointu jeté dans le golfe de Guinée. Pas de doute possible, il s'agit bien d'un ancien volcan dont le sommet, en forme de cône, émerge des nuages. Une vision irréelle qui rappelle les estampes japonaises. Piquant sur l'île, on commence à apercevoir la ville et les falaises qui surplombent la côte nord.

A première vue, Malabo ressemble à une ville andalouse ou antillaise. La présence successive des Portugais, des Britanniques et des Espagnols, qui ont occupé l'île dès le début du XVe siècle, ainsi que le passage des marchands qui commerçaient avec les Antilles, ont donné un cachet très particulier à son architecture, comme les vieilles maisons à galeries, construites en bois, du centre-ville, qui portent la marque des *haciendas* espagnoles avec leurs balcons de fer forgé. Semblant repliée sur elle-même la ville de Malabo a des aspects andalous, un air de nonchalance flotte dans ses rues taillées en lignes droites. C'est sans nul doute la plus silencieuse des capitales africaines.

La création de Port Clarence

En 1821, le capitaine britannique Kelly aborde l'île de Fernando Poo (aujourd'hui Bioko) qui appartient à l'Espagne depuis la fin du XVIIIe siècle. Il la trouve à l'abandon et très vite, y fonde les postes de Melville Bay (Riaba), San Carlos (Luba) et reconnaît

Pages précédentes : *La capitale de la Guinée Equatoriale a changé trois fois de nom depuis sa découverte : Port Clarence, Santa Isabel et aujourd'hui Malabo.*

l'emplacement de la future capitale, Malabo, au nord de l'île qu'il baptise Port Clarence.

Quelques années plus tard, en 1827, un autre capitaine britannique, Fitz William Owen, décide de coloniser l'île et de développer Port Clarence afin d'y établir une base pour les navires anglais qui traquent les trafiquants d'esclaves européens. Il y fait venir plus de sept cents hommes, dont certains arrivent de Sierra Leone et du Liberia. Mais le climat insalubre de l'île décime très vite une bonne partie de la population européenne de Fernando Poo. Beaucoup meurent sur place de la malaria, d'autres sont rapatriés en Europe. Seuls quelques rescapés trouvent leur salut dans les montagnes où règne un climat plus sain et moins propice au développement des moustiques, vecteurs du paludisme.

Un volcan noyé

Cet acharnement des Européens à vouloir s'installer sur l'île, en particulier à Malabo, tient certainement à la configuration du site qui offre un excellent havre naturel. En effet, si on regarde un plan de Malabo, on est étonné par la perfection de la courbure, en arc de cercle, de la baie où le port a été aménagé.

Inutile de s'interroger, il s'agit bien d'un cratère de volcan, noyé par l'océan, où peuvent se réfugier de très gros cargos, sans crainte des tornades fréquentes sous ces latitudes. Ces possibilités n'ont pas échappé aux nombreux navigateurs cabotant dans les eaux de Fernando Poo.

Comme l'écrit un voyageur français au XIXe siècle : « Après avoir doublé des pointes de roches qui s'avancent dans la direction d'un promontoire, on entre dans une grande baie où pourraient se loger plusieurs milliers de navires. Ouverte au nord–nord-est, cette baie est à l'abri de tous vents, y compris de la plupart des tornades. Le mouillage m'y a paru très bon, le fond étant de vase compacte. Un certain nombre de navires, parmi lesquels une frégate espagnole, un petit *steamer* de guerre, un ponton anglais destiné au bois et au charbon, des caboteurs de la côte, bricks et goélettes et de jolies petites embarcations peuplaient et égayaient cette rade. »

L'empreinte de l'Espagne

Jusqu'en 1858, les différents gouverneurs de l'île, installés à Port Clarence, furent britanniques. Le plus connu est John Beecroft, qui occupa ces fonctions de 1833 à sa mort en 1854. En fait son pouvoir débordait largement les limites de l'île, car il fut mandaté par l'Angleterre pour l'étendre à tous les territoires du golfe de Guinée sous influence britannique.

Ainsi passa-t-il des accords avec les chefs du Cameroun, lança des expéditions militaires au Nigeria (prise de Lagos en 1851) et régla les échanges de la région, en organisant des tribunaux consulaires de commerce. Sur l'île, il instaura des droits de douane et suscita le développement de factoreries à Port Clarence.

Quand le commandant espagnol Lerena y Bary arriva à Fernando Poo en 1843, afin de remettre tous les territoires africains sous la tutelle de l'Espagne, comme le stipulait le vieux traité du Pardo de 1777, il trouva l'activité de Beecroft si bénéfique qu'il le confir-

L'ÎLE DE BIOKO

MALABO
Punta Unidad Africana
Palais de la présidence
Hôpital
Nouvelle cathédrale
Riaba
Ancien Port
Club nautique
BAHIA DE MALABO
Rio Consul
Place de l'Indépendance
Ancienne cathédrale
Direction du tourisme
Nasser
Port de Marchandises
Hôtel Bambu
Hôtel Bahia
Avenida 3 de Agosto
Calle del Botoko Luba
Punta Cristina
Calle Argelia
Basile
Cafeteria El Cachirulo
Calle del Rey Boncoro
Presidente
PTT
Liberdad
Mane
Bata
Radio Tv
Mairie
Avenida de la Independencia
Calle Nigeria
Acacio
Malabo
Lumumba
Bahia de Venus
Calle del Presidente
Avenida da Liberdad
Calle Acacio Mane
Calle de Bata
Calle del Rey Malabo
Calle de Patrice Lumumba
Calle del Alcade Albitio
Hôtel Impala
Hôtel Bantu
Stade
Place de la Femme
Balboa
BEAC
Centre des congrès
ICEF
Calle de Balboa
Marché
Ambassades
Hôtel Ureca
QUARTIER LOS ANGELES
Aéroport et Complexe Abayak
Luba

ma dans son rôle de gouverneur. Son successeur Manterol fera de même.

Quant au capitaine de frégate espagnol, Carlos Chacon, qui débarqua à Port Clarence en 1858, quatre ans après la mort de Beecroft, il tente de faire disparaître l'empreinte de la Grande-Bretagne et y subsitue celle de l'Espagne. Il commence par débaptiser Port Clarence pour lui donner le nom de Santa Isabel, en hommage à sa souveraine, Isabelle II. Ce n'est qu'en 1973, que la capitale de la Guinée Equatoriale s'appellera Malabo, du nom d'un ancien chef bubi. Puis il expulse les missionnaires protestants, dont le célèbre pasteur Alfred Saker, qui évangélise toute la côte du Cameroun et installe à leur place les jésuites. C'est Chacon qui crée les premières routes et en particulier la *Costa de las Fiebres* (côte des fièvres), petit raidillon transformé aujourd'hui en route goudronnée qui monte du port vers la ville.

De vieilles maisons créoles

L'idéal pour le visiteur d'aujourd'hui désireux de découvrir Malabo est d'emprunter le même itinéraire que les navigateurs d'autrefois. Venant de la mer et accostant au port, il aura une vue d'ensemble de la ville et verra ainsi se dévoiler sur la falaise, le palais présidentiel, la cathédrale et de nombreux édifices.

Pour accéder à la *cathédrale*, il faut passer des grilles et pénétrer dans un grand square qui englobe l'édifice religieux et les différents corps de bâtiments de la présidence (on ne la visite pas). La cathédrale fut construite en 1899, mais ne fut ouverte au culte qu'en 1916. Elle a remplacé l'humble chapelle en bois bâtie par les jésuites en 1858 et détruite par un incendie en 1881.

Derrière la cathédrale monte la *calle del Botoko Luba* où sont installés le ministère et l'office du Tourisme de Guinée Equatoriale. Sur cette grande avenue s'élèvent toujours quelques vieilles maisons de bois dans le style créole, avec leurs vérandas et leurs persiennes peintes. Classées par les services des Monuments historiques, elles devraient accueillir un jour prochain un musée d'Art africain.

Parallèle à cette avenue, l'*avenida X de Agosto* est la plus grande artère de la ville et coupe à angle droit toutes les rues du centre de Malabo. Des magasins et comptoirs, souvent tenus par des Libanais et des Syriens, voisinent avec les studios de la Radio-télévision équato-guinéenne ainsi qu'avec les écoles.

Le grand marché

Mais c'est au marché près du stade, *calle de Patrice-Lumumba*, que vibre en permanence le cœur de la cité. Sous les toits qui les protègent du soleil, des centaines de marchands vendent au chaland une large palette de fruits et légumes : bananes plantain, ignames, raves de manioc, mangues, avocats, taros et bien sûr les épices, indispensables à la préparation de la cuisine africaine.

Tout autour du marché, une multitude de petites échoppes sont occupées par des tailleurs et des petits maquis où on peut goûter un plat local. On trouve aussi des cosmétiques du Nigeria, des tissus du Proche-Orient et de l'électronique du Japon et de Hong Kong.

Non loin de la calle del Rey

Malabo, s'élève le cinéma Marfil, une salle de spectacle, mais aussi un palais des Congrès qui a servi quelquefois de tribunal.

En repartant du port de marchandises vers l'ouest, on arrive sur la *Granda Avenida de la Independancia* qui se prolonge par la route de l'aéroport international de Malabo (à 7 km de la capitale).

A quelques mètres de la cathédrale s'ouvre le Centre culturel hispano-guinéen, avec sa longue galerie à colonnes et ses deux tours d'angles surmontées d'un toit pointu. Des spectacles y sont organisés : cinéma, concerts, vidéo.

Dans la calle del Rey Boncoro qui porte le nom d'un roi benga du Rio Muni, s'élèvent les bâtiments de la poste et du Centre international de télécommunications. Par une rue adjacente, on arrive à la place de la mairie – « *Ayamunto* » –, bordée par de petits restaurants et d'une pharmacie.

L'hôtel Bahia

De l'avenue de l'Indépendance, on peut gagner le promontoire dominant le port et vers l'ouest la *Bahia de Venus*. Au bout du promontoire, l'hôtel Bahia jouit d'une vue extraordinaire sur la mer, les îlots tous proches, ainsi que sur les côtes camerounaises. Par beau temps, on peut admirer en face le mont Cameroun, flottant dans des nuées de chaleur.

L'ancienne chambre d'Agriculture est une belle bâtisse où se traitait le négoce de cacao et de café. Aujourd'hui, le bâtiment est occupé au rez-de-chaussée par la Chambre de commerce et en haut du monumental escalier central, se trouvent les bureaux et les salles de travail de la Chambre des représentants du peuple (l'Assemblée nationale).

A la périphérie de la ville se dresse le populeux et populaire quartier d'*Ela Nguema*, avec sa vieille cathédrale en briques rouges et blanches. Face au camp militaire, non loin du vieux cinéma Mar, se trouve un bâtiment de la coopération espagnole et le *complexe résidentiel d'Abayak* où vivent les expatriés, les ambassades, l'Ecole nationale d'Agriculture et le lycée national.

Le départ des excursions

Malabo est le meilleur tremplin pour faire des excursions sur toute l'île. Tout d'abord on découvre le Pico Basile, ancien volcan dominant la capitale (3011 mètres), en empruntant la route du sud-est et une piste après Rebola qui mène au sommet. Puis on se dirige vers les cacaoyères de Sampaca sur la route de la côte occidentale. Dans les plantations, on coupe les cabosses et on récolte les fèves avant de leur faire suivre un processus semi-industriel dans des usines agro-alimentaires qui permet de sécher le cacao et de l'envoyer aux grandes chocolateries d'Europe.

(*renseignements pratiques p. 188*)

Un des batiments de pur style andalou :
la mairie de Malabo.

baney et la côte est

■ La côte orientale de l'île de Bioko est le grand foyer de la culture et des traditions des Bubi, peuple venu du continent africain vraisemblablement au cours du premier millénaire. Jusqu'à l'arrivée des missions protestantes, puis catholiques qui les convertirent au XIXe siècle, les Bubi avaient leur propre religion, leurs prêtres et leurs rois.

Le profond mysticisme qui animait leurs convictions religieuses se transforma en une foi ardente lorqu'ils devinrent chrétiens. C'est ce qui explique le nombre important d'églises qu'on trouve sur l'île de Bioko et particulièrement sur cette côte orientale : à Rebola, juste après Malabo, à Baney, à Basakato de la Sagrada Familia, à Besoso, à Bakake Pequeno. Une des églises les plus insolites se trouve à Bososo. Avec ses balcons de bois et sa toiture recouverte de tuiles, elle semble avoir été construite par un architecte du Pays basque espagnol. Malheureusement, les églises manquent d'entretien et se dégradent très vite.

Au loin, le mont Cameroun

En dehors de l'intérêt de découvrir l'île, le circuit par l'est ne présente guère de curiosités marquantes, hormis un village pittoresque, un panorama sur la mer, quelques belles plantations de cacao et de bananes. Partant de Malabo par la route de Rebola, on découvre l'extraordinaire végétation qui monte jusqu'en altitude sur les pentes du Pico Basile (3011 m). Les nombreuses variétés de palmiers, de flamboyants, de bananiers, de cacaoyers évoquent irrésistiblement les peintures de la forêt vierge rêvées par le Douanier Rousseau.

Accrochée au volcan, aujourd'hui éteint, Rebola s'étage à droite de la route. Un petit détour par Baney, gros bourg de plus de 5 000 habitants et deuxième agglomération de Bioko, après Malabo, permet de jouir d'un panorama superbe sur le bras de mer qui sépare l'île du continent. Au coucher de soleil, la vue est particulièrement belle et on aperçoit le mont Cameroun couronné de nuages avec à ses pieds, les torchères des plates-formes pétrolières de Rio del Rey, au large de Limbé-Victoria.

Le pont du Rio Cope

En reprenant la route circulaire, on passe par San Luis de Cupapa, puis par Basakato de la Sagrada Familia, village natal du poète équato-guinéen Ciriaco Bokesa Napo. Plus au sud encore, la route emprunte un pont moderne surplombant un gouffre où coule le Rio Cope, petit torrent de montagne au milieu d'une végétation particulièrement dense.

D'après les habitants, ce pont était autrefois maudit et on y enregistrait, il y a quelques années, de très nombreux accidents de voiture demeurés inexpliqués. Mais depuis qu'on y a fait quelques sacrifices, les mauvais génies hantant ce lieu se sont calmés et on peut maintenant y rouler en toute confiance. Au bout de la route, plutôt que de revenir sur ses pas, il est préférable de bifurquer sur la droite et de rejoindre la côte occidentale après avoir effectué une trentaine de kilomètres de route assez escarpée passant entre les deux massifs volcaniques du nord, Pico Basile, et du sud, Grande Caldera Volcanica de Luba.

rebola

■ Poussant des petit cris de chatons égarés et progressant à pas menus en s'appuyant sur des bâtons, les petites danseuses de Bisilia à Rebola mériteraient de passer sur les grandes scènes des music-halls, au même titre que les Ballets nationaux du Sénégal ou de la Guinée Conakry.

Accompagnées par un guitariste et revêtues de leur habit traditionnel – jupe et corsage de fibres –, ces ballerines de huit à dix ans exécutent toute une série de figures avec la maîtrise de professionnelles confirmées. En troupe ou en rondes, les figures qu'elles dessinent ensemble, se forment et se déforment avec une discipline parfaite. Un régal pour l'œil et l'oreille !

Empruntées au folklore des Bubi, peuple majoritaire de l'île de Bioko, ces danses miment les gestes de la récolte ou les pas des animaux de la grande forêt, peut-être ceux des antilopes naines et craintives, les céphalopes bleues. Ces danseuses doivent leur nom à l'ancienne confrérie traditionnelle des Filles de Bisilia, qui existait autrefois lorsque les Bubi étaient encore animistes.

Au cœur des cacaoyères

A Rebola qui s'étage sur les pentes de la montagne, se déroule également la danse du masque comique qui rassemble le village. Une pièce montée multicolore s'entasse sur la tête du danseur qui multiplie les pitreries pour son auditoire. Il se tortille, se met à genoux dans la boue, se fait humble pour mieux se moquer de sa victime choisie parmi le public, suscitant ainsi les éclats de rire de l'assemblée. Une façon d'oublier les rudes travaux de plantation et de coupe dans les cacaoyères qui entourent Rebola.

Installé dans les faubourgs de Malabo, à 9 km au sud-est de la capitale, ce gros bourg agricole ne vit en effet que de la cacaoculture, de la récolte de bananes et d'ignames, légumes de prédilection des Bubi.

Mais ce sont surtout les plants de cacao qu'on remarque en approchant de Rebola : petits arbres sur lesquels pendent directement accrochées au tronc et aux branches de grosses cabosses oranges de la taille d'un épis de maïs.

Ce sont les hommes qui abattent les fruits et les mettent en tas, les femmes les ouvrent à la machette pour en extraire les fèves gluantes, qu'elles porteront ensuite dans une hotte jusqu'aux installations semi-industrielles de séchage.

A Rebola, comme dans toute l'île, le cacao est roi et représente une des premières exportations du pays, après le pétrole, avec la flatteuse réputation d'être le meilleur du monde.

De Rebola sur une route goudronnée on peut faire des excursions sur toute le côte orientale de l'île, de Baney jusqu'à Riaba au sud et tenter l'ascension du Pico Basile.

Une histoire éphémère

Avant l'essor de la cacaoculture, l'île de Bioko connut d'abord celle du café. En 1800, des plants sont apportés de São Tomé à Santa Isabel (Malabo). Mais la grosse production ne débute qu'en 1890, malgré les fortes taxes à l'entrée du café en Espagne. Dès 1930, avec le retour d'ouvriers fang au Rio Muni, cette province devint pays du café. Le 12 janvier 1946

La bibliothèque du centre culturel hispano-guinéen est un endroit très fréquenté par les élèves de Malabo.

fut créée en Espagne la PROGUINEA pour promouvoir le café équato-guinéen.

Durant la période 1950-58, la production au Rio Muni ne cesse de croître, alors que celle de Fernando Poo baisse au profit du cacao. Le Patronat des Indigènes prélevait 3 pesetas par kg pour financer les hôpitaux, les écoles professionnelles, les coopératives et les caisses de crédit agricole.

Au début des années 1970, la culture du café est peu à peu abandonnée et depuis ce temps-là, en dépit de l'aide de l'Etat, la production n'atteint plus que 1000 tonnes par an.

(*renseignements pratiques p. 189*)

■ La grande baie de Luba apparaît comme sortie de la pénombre sur la route circulaire venant de Malabo. On longe sur quelques kilomètres la grande courbe, Bahia de Luba, avant d'atteindre le petit port du même nom.

Les pêcheurs de la baie

Souvent des pêcheurs en pirogues lancent au large leur épervier et accostent dans la baie, déchargeant le butin pris à l'océan : petits poissons pour la friture, thons, soles et barracudas. Parfois, les filets remontent des poulpes et même une grosse tortue marine, gigotant désespérément pour se dépêtrer des mailles qui l'emprisonnent. Les nasses et les casiers livrent aussi quelques langoustes.

LE CACAO « NOURRITURE DES DIEUX »

■ *Les premières plantations de cacaoyers en Guinée Equatoriale datent de 1850, et sont lancées sous l'impulsion d'un certain Fernandino, d'origine libériane. Après avoir constaté la similitude des sols de Fernando Poo et des Antilles, il fit venir des semences, en 1854, et importa des cabosses de cacao et des cacaoyers de São Tomé.*
En 1860, A. Gazulla, un fonctionnaire espagnol, reçut une concession de 260 hectares. En 1885, il y avait déjà d'importantes plantations notamment celles de Montes de Oca près de Basile et de Banapa.
Le plus grand planteur de l'époque, Fernando Vitour à San Carlos, doit son succès à sa plantation de 400 hectares près de Luba. A la fin du XIXe siècle et suite à la forte demande mondiale, l'Espagne encouragea le développement du secteur du cacao.
De 1910 à 1925, la production de cacao de Fernando Poo doubla, passant de 2445 tonnes à 5965 tonnes. En 1934, la raréfication de la main-d'œuvre locale obligea à recruter des planteurs du Cameroun, du Liberia et du Nigeria. Quatre ans plus tard, l'incitation du gouverneur général auprès des habitants de développer les plantations, mais surtout le retour des Fang au Rio Muni amena un développement des plantations dans la zone Mikomeseng-Ebebiyin.

Un spectacle qui n'a peu changé au fil des siècles et on a guère de difficulté à imaginer les navigateurs européens descendant de leur galion pour se livrer à des trocs laborieux avec les pêcheurs bubi de Luba.

Ces derniers avaient la réputation d'être plutôt farouches, et ce à juste titre, car de nombreux navires de négriers écumaient le golfe de Guinée à la recherche de « bois d'ébène ». Plus d'une fois, de paisibles marins, seulement désireux de s'approvisionner en eau et en vivres frais débarquant dans la baie après avoir vu remuer des silhouettes sur la plage en mettant « pied à terre », ne trouvèrent plus âme qui vive. Tous les Bubi avaient disparu dans les profondeurs de la forêt et avaient regagné leurs villages construits sur les hauteurs, par mesure de prudence. Moins chanceux, une dizaine de marins britanniques furent massacrés à coup de flèches sur cette plage en 1810.

Véritable épine dorsale de la ville, le Rio Magazin aux eaux claires qui coule doucement sur un lit de pierres volcaniques, apporte aux habitants de Luba l'eau potable. Il sert également de « terrain de jeux » pour les enfants et de « bain public ».

La prise symbolique du comte d'Argelejos

C'est d'ailleurs dans cette baie de Luba que le comte d'Argelejos vint prendre possession de l'île au nom de l'Espagne le 21 octobre 1778, après que les Portugais l'eurent cédée par le traité du Pardo le

En 1945, la province du Rio Muni produisait 1346 tonnes de cacao. Alors qu'entre 1952 et 1956, la Guinée espagnole ne représentait que 2,4 % seulement de la production mondiale, en 1968 elle se situait à 3,8 % dont 90 % produits à Fernando Poo, dans une cinquantaine de plantations modernes. Au moment de l'indépendance, les 5000 hectares consacrés au cacao sur l'île représentaient 75 % du PIB. En 1969, la FAO (Organisation des Nations unies pour l'agriculture) projetait pour les quatre années à venir des récoltes de 4000 tonnes, mais la production n'arriva qu'à 2800 tonnes en 1969-70.
En 1976-77, la production stagnait, aussi le gouvernement décida-t-il de redistribuer, après le départ des ouvriers espagnols et nigérians en 1975, les plantations à la population fang et favorisa-t-il le retour d'anciens propriétaires.
Aujourd'hui, un projet de réhabilitation de l'exploitation – conduit en coopération avec l'Espagne et l'Union Européenne – a abouti à se servir des grandes plantations comme autant de relais de formation du personnel, si bien que la production a atteint 4500 tonnes en 1998.

La plage d'Arena Blanca sur l'île de Bioko pourrait devenir un lieu de villégiature du pays.

24 mars de cette même année.

Partis avec une petite escadre de Montevideo, en Uruguay, le comte-brigadier se livra à un acte tout à fait symbolique, car il ne laissa aucun homme à Luba ni la moindre trace de son passage. Il serait d'ailleurs mort au cours de cette expédition lors d'affrontements avec les insulaires d'Annobon, réfractaires à l'idée de devenir les sujets des Rois catholiques !

C'est un siècle plus tard que les Espagnols commencèrent à s'intéresser à leurs territoires africains. Entre-temps, les Britanniques avaient jeté leur dévolu sur l'île où ils voulaient à la fois installer des bases anti-esclavagistes et exploiter le bois des forêts de Bioko.

Une première et malheureuse tentative eut lieu à la fin du XVIIIe siècle lorsque le capitaine Beaver et 300 de ses hommes cherchèrent à monter un établissement dans la Bahia de San Carlos (aujourd'hui Luba) alors déserte. La chronique rapporte que les fièvres décimèrent en moins d'un mois 272 personnes, les autres réembarquant précipitamment et mettant le cap vers des lieux plus salubres.

Le comptoir de San Carlos

Finalement, c'est le capitaine Kelly de la Royal Navy britannique qui fonda les postes de San Carlos (Luba), de Concepcion (Riaba) sur la côte orientale de l'île et qui reconnut le site de la future capitale, Port Clarence (Malabo), au nord de Bioko.

Par la suite, la petite bourgade de San Carlos prospéra avec l'arrivée des missions méthodistes et clarétiennes, le développement du port de pêche, l'installation de plusieurs factoreries et l'essor des plantations de bananes dans la région.

C'est après l'indépendance que San Carlos prit le nom de Luba, en mémoire d'un chef bubi de Balacha qui se révolta contre les Espagnols en 1910, lorsque ces derniers instituèrent le travail forcé dans les plantations.

D'anciens chalutiers soviétiques

Sous le premier président de la Guinée Equatoriale, Macias Nguema, les Soviétiques donnèrent un nouvel essor à Luba, en y amenant leur chalutiers. Certaines rumeurs des plus fantaisistes firent même allusion à l'installation dans la Bahia de Luba d'une base secrète de sous-marins !

Aujourd'hui, la petite ville de Luba de près de 3 000 habitants vit au ralenti depuis le départ des Russes, qui ont juste laissé quelques carcasses de navires rouillées dans le port. Ce dernier a perdu beaucoup de son importance avec le développement des ports de Bata, au Rio Muni, et de Malabo au nord de Bioko. Il ne traite guère plus de 156 tonnes à l'import et 75 tonnes à l'export chaque année.

Les quais sont maintenant occupés en majeure partie par des grumes et des planches qui prendront la route de Malabo. La pêche est redevenue artisanale et se pratique à bord de pirogues qui cabotent sur les côtes méridionales de l'île. Luba a une spécialité : la prise, de plus en plus rare, de grandes tortues marines, qui seront consommées localement ou envoyées sur les marchés de la capitale. Partant de Luba, les pêcheurs contournent l'île par le sud, pour se rendre à Ureka, dernier grand lieu de ponte de ces grands chéloniens.

En se promenant à Luba, on peut voir, à certaines périodes, de grandes tortues retournées sur le dos et semblant dormir, ou attachées par une longe et nageant dans la rivière. En se renseignant sur place, on peut louer les services d'un piroguier et se rendre sur la plage d'Ureka pour assister la nuit, à la ponte des tortues.

Arena Blanca et Batete

Toute proche de Luba, la plage Arena Blanca, est considérée comme la plus belle de l'île. On y accède par une petite piste défoncée qui part de la route à 5 km au nord de Luba. De par sa réputation, on s'attend presque à découvrir une station balnéaire dotée d'hôtels et de restaurants ! Au lieu de cela, on trouvera un petit village de pêcheurs au bord d'une plage étroite, au sable jaune et parsemée de végétaux.

De Luba encore, une excursion à ne pas manquer : c'est le village de Batete, appelé Maria Christina par les Espagnols, dans les hauts du massif du sud. Prenant la route de l'ouest, on admire au passage la belle demeure, dite « la Barcelonesa ». Dans ce petit village bubi, s'installèrent plusieurs missions chrétiennes au XIXe siècle et en 1887, les clarétiens y fondèrent un collège-internat avec l'aide du protestant A. Vivont. Principale curiosité, l'église qui domine toute la région. Elle compterait parmi les rares édifices religieux au monde construits en bois. Malheureusement, par manque d'entretien, le bâtiment tombe en ruines. Dans ce village vécut le peintre naïf Candido Buna, dont les œuvres ont été exposées à plusieurs reprises à l'Institut culturel d'expression française de Malabo.

La Grande Caldera

Autre excursion dans la région de Luba : le grand massif volcanique du sud, composé de plusieurs volcans solidement soudés. L'île de Bioko est en effet située sur le grand *graben* de l'Afrique occidentale qui s'étend du Tibesti à Sainte-Hélène. Durant les cent dernières années, l'île a connu plusieurs éruptions volcaniques : en 1880, puis en 1900 dans la région de Bilupa, ainsi qu'en 1903 et 1923 dans les environs de Malabo. Au prix d'une marche sur un terrain accidenté, on arrive au bord de la Grande Caldera Volcanica qui culmine à 2261 mètres.

Cet ancien cratère qui s'est effondré en comblant la chambre magmatique se présente aujourd'hui comme un gigantesque cirque de 6 km de circonférence et dont les parois, presque verticales, tombent à 1300 m de profondeur.

Cet endroit est un véritable paradis pour les randonneurs et pour les amoureux de la nature. Autour du cratère et sur le sol anthracite s'accrochent des lichens et des fougères, tandis que plus loin la forêt reprend le dessus.

(*renseignements pratiques p.188*)

Sur de petits étals au bord des routes, les femmes vendent des fruits et légumes locaux : ananas, bananes, piments.

moka

■ Niché sur les hauteurs du grand massif volcanique, au sud de l'île de Bioko, le petit village de Moka est depuis toujours un des hauts lieux des traditions du peuple bubi. Son nom évoque celui du grand roi de l'île qui régna au XIXe siècle et résidait à Riaba.

Le lac de Moka, aujourd'hui Lago de Biao, situé dans un ancien cratère, servait de sanctuaire et d'ermitage au grand prêtre des Bubi, le « mote », qui jusqu'au début du XXe siècle était chargé d'entretenir le feu sacré sur ses rives. Il régentait également un clergé, composé de prêtres « abbas », dont les rites animistes entretenaient le culte des génies de la nature et d'un être suprême, le « Morino », créateur de l'univers, mais inaccessible aux humains.

Un climat d'altitude

En raison de son altitude (1500 m), Moka bénéficie d'un climat frais. Cette localité accueillit à plusieurs reprises des colons européens atteints par les fièvres.

L'idée vint également à des habitants de Bioko d'y acclimater des animaux et des plantes ne pouvant vivre que dans des régions tempérées, comme des vaches, des chevaux, ainsi que des fruits et des légumes venus d'Europe.

Depuis le village, on peut faire une excursion d'une heure, réservée aux bons marcheurs, pour aller voir de grandes cascades dans les hauteurs. Pour les plus courageux, équipés pour la marche et le camping, la balade peut se poursuivre à travers les montagnes pour aller au lac de Moka, à la Grande Caldera de Luba, plus à l'ouest ou encore au sud à Ureka, petit village bubi où viennent pondre les tortues de mer. (*renseignements pratiques p. 189*)

pico basile

■ Comme le mont Cameroun qui lui fait face de l'autre côté du golfe, le Pico Basile, dominant l'île de Bioko, serait la demeure des dieux traditionnels. C'est dans le cratère de ce volcan, que selon les Bubi, premiers habitants de l'île, « O Wassa », le grand esprit, se serait établi.

Avec l'arrivée des Européens accompagnés des premiers missionnaires, cet ancien sanctuaire bubi a été désacralisé. On y a construit un émetteur de télévision et un radar, tandis que les catholiques y élevaient une statue de la Vierge afin de chasser toute référence à l'animisme.

Autre vicissitude de l'histoire : les différents maîtres de l'île ont éprouvé le besoin de changer le nom du volcan à chacun de leur passage.

Appelé d'abord O Wassa par les Bubi, il devient Clarence Peak sous les Britanniques, puis Pico Santa Isabel avec l'arrivée des Espagnols et c'est aujourd'hui le Pico Basile.

Une immense chaîne de volcans

Admiré par les navigateurs qui l'apercevaient à des mille nautiques – ce qui lui confère une apparence féerique, car il semblait flotter au-dessus des nuages – le Pico Basile est un volcan aujourd'hui éteint. Il fait partie de la grande dorsale camerounaise.

La plaque sur laquelle repose le continent a vu naître, à l'ère primaire, une immense chaîne de volcans qui commence au Tibesti (Tchad), se poursuit tout au long du Cameroun et entraîna, au fond de l'océan, l'éclosion des îles volcaniques du golfe de Guinée : Bioko, São Tomé, Principe et Annobon.

riaba

Aujourd'hui, seul le mont Cameroun est en activité, alors que tous les autres volcans se sont transformés en puits dont les cratères sont souvent occupés par des lacs.

C'est au début du XIXe siècle que les premières ascensions du Pico Basile (3011 mètres) ont été effectuées par des visiteurs européens : un commandant britannique en 1827 et le gouverneur Beecroft en 1839.

Depuis Malabo, on peut s'y rendre en empruntant une piste qui s'ouvre sur la route bitumée menant à la côte orientale. Un garde-barrière est posté à l'entrée pour veiller à la sécurité des randonneurs, car il est facile de s'égarer lorsque le mont est noyé dans les nuages. On n'y voit pas, alors, à plus de deux mètres. L'ascension à pied est réservée aux bon marcheurs, tandis que l'accès en automobile impose l'utilisation d'un 4x4.

Au-dessus des nuages

Par temps clair, la vue sur l'île est superbe : on peut distinguer le mont Cameroun, juste en face qui se découpe comme le Fuji Yama des estampes japonaises.

Toute la partie basse du mont est couverte de forêt épaisse, mais à mesure que l'on monte, il se dégarnit et les premières fougères arborescentes apparaissent ainsi que de curieux lichens, accrochés aux branches des arbres et flottant au vent comme des lambeaux de filasse.

Plusieurs cônes adventifs forment le Pico Basile, ainsi que la Grande Caldera de Bonyoma, à l'intérieur de laquelle une petite rivière prend sa source : le rio Urabela.

(*renseignements pratiques p.189*)

■ Le site de Riaba – anciennement Concepcion – sur la côte orientale de l'île eut une importance primordiale dans l'histoire de la Guinée Equatoriale.

Des vestiges du Xe siècle

En effet, c'est ici que les archéologues ont exhumé de nombreux tessons de poteries, au décor particulièrement élégant, qu'ils ont pu dater de la fin du Carboneras (Xe siècle). Ces vases étant plus beaux que ceux découverts dans le reste de l'île, les scientifiques ont même donné à cette période le nom de « Concepcion » pour la différencier des précédentes.

On peut affirmer, suite à ces découvertes, que l'île de Bioko fut occupée bien longtemps avant l'arrivée des premiers navigateurs portugais au XVe siècle. Peut-être avant l'ère chrétienne, mais plus vraisemblablement dans les premiers siècles après Jésus-Christ par des chasseurs-cueilleurs, ancêtres des Bubi. Ces derniers seraient arrivés par vagues successives du continent africain vers les Xe-XIIIe siècles, fuyant des peuples plus belliqueux comme les Fang qui se répandirent dans toute l'Afrique centrale à partir du XIIIe siècle.

Une des premières migrations bubi occupa la région de Riaba, au sud-est de l'île de Bioko et une autre Ureka, tout au sud.

La petite localité est aujourd'hui en déclin, après avoir connu un certain essor dans les siècles passés. Installée sur les hauteurs de la montagne, elle fut fondée par le Portugais Ramos de Esquivel, qui fut le premier colon de l'île. S'installant au début du XVIe siècle à Riaba, il tenta d'ouvrir un comptoir commercial et d'y développer

Tous les ans, la promenade de Bata accueille les casetas du 25 juillet au 6 janvier.

des plantations de canne à sucre. Tous ses efforts furent réduits à néant par l'hostilité des Bubi et par les fièvres.

La colonie de Concepcion

Deux siècles plus tard, en 1739, l'officier de marine portugais Guillermo Carbonell débarqua à son tour et donna au site le nom de Concepcion. Au XIXe siècle, ce sont les Britanniques qui s'y installèrent et qui créèrent à la fois des factoreries et une base anti-esclavagiste. Ils rebaptisèrent la petite bourgade Melville Bay.

A cette époque, les Espagnols se désintéressaient de ces lointaines colonies africaines et trouvaient avantage à concéder la gérance de l'île aux Britanniques, à tel point que, même lorsqu'ils eurent décidé d'en reprendre possession, ils laissèrent les Britanniques administrer Riaba et différentes localités en leur nom.

Les missions chrétiennes étrangères y furent également tolérées, ainsi que les planteurs non espagnols. Ainsi le grand planteur portugais Laureano Diaz de Acunha possédait-il les plus grandes cacaoyères de l'île.

Quelques maisons et bâtiments administratifs forment aujourd'hui l'essentiel de ce bourg qui ne compte guère plus de 250 à 300 habitants. Dominant la mer, Riaba surplombe une grande plage de sable et de galets, peu fréquentée par les touristes. Ces derniers préfèrent bifurquer vers l'ouest pour se rendre dans les hauteurs de Moka et escalader le cratère Biao (2009 m) qui recèle un petit lac volcanique.

(*renseignements pratiques p.189*)

■ Les amoureux de la nature ne doivent pas manquer l'excursion d'Ureka, ils verront un des derniers lieux de ponte des grandes tortues marines de la planète.

Au prix d'une marche sportive au départ de Moka ou après quelques heures en bateau au départ de Luba, sur la côte occidentale, ils assisteront de nuit à un spectacle inoubliable que seuls les pêcheurs et les naturalistes ont eu la chance d'observer. En effet, c'est sur les plages d'Ureka, petit village bubi, tout au sud de Bioko, que les grosses tortues vertes – ou franches – terminent leurs grandes migrations à travers l'océan Atlantique.

Retour au lieu de naissance

La plupart sont nées sur cette grève et y retournent pour pondre et, parfois, mourir d'épuisement. Creusant leurs nids dans le sable, elles déposent une centaine de petits œufs blancs, gros comme des billes. Après quelques semaines, les bébés-tortues sortent de leur coquille et tentent de gagner la haute mer, en payant un large tribut à leur prédateurs : crabes et oiseaux de mer qui les dévorent.

C'est à l'époque de la ponte, en octobre, que les pêcheurs de Luba cabotent dans les eaux d'Ureka, à la recherche des grosses femelles agonisantes, qu'ils hisseront dans leurs pirogues et ramèneront au village, avant de les vendre sur les marchés de Luba ou de Malabo. Très prisée, la chair des tortues vertes est servie sur les tables des restaurants ou dans les foyers équato-guinéens, en ragoût ou grillée.

On ne conserve pas les carapaces vides. Dommage, elles sont

très décoratives – après traitement et nettoyage – et pourraient également générer de petits ateliers d'écailleurs, l'écaille étant un matériau de luxe utilisé dans la lunetterie ou pour en faire des boîtes, des éventails, des peignes…

La Grande Marmite

D'Ureka si l'on est venu à pied, il faut tenter l'ascension de la Grande Caldera Volcanica de Luba (2261 m) qui domine toute la côte méridionale de l'île. Tirant son nom du portugais « *caldera* » (la marmite), la Grande Caldera est en fait un grand cratère qui a été comblé en s'effondrant. Initialement, le volcan devait atteindre 4000 mètres d'altitude.

Par beau temps, on a une belle vue sur le reste de l'île et sur la côte camerounaise. A l'intérieur de la Caldera, une petite rivière, le rio Ole, descend vers la mer en creusant un canyon dans le cratère. Au retour sur Moka, il ne faut pas manquer les grandes chutes d'eau toutes proches du village. On y accède après une demi-heure de marche sur une piste qui file à travers la forêt.
(*renseignements pratiques p.189*)

LE POISSON AU CHOCOLAT

■ *Non ce n'est pas un plat immangeable sorti de l'imagination d'un maître-queue fou. Le poisson au chocolat est un plat très délectable et typiquement équato-guinéen, qui peut être apprécié par les palais les plus difficiles, même en Europe.*
Quelques mots d'explication vous rassureront certainement : en Guinée Equatoriale, le chocolat n'est pas le chocolat ! Mais un fruit savoureux qui ressemble à la pomme.
Plus d'équivoque, on ne mange pas de colin ou de capitaine nappé de chocolat, mais du poisson en sauce relevée d'épices aux saveurs exotiques.
Voici la recette : couper les poissons, rougets ou autres, en morceaux et les saupoudrer de gros sel. Extraire les graines de trente « chocolats » et les griller à la poêle comme des grains de café. Les écraser pour en faire une pâte.
Préparer ensuite un court-bouillon où l'on diluera cette pâte au chocolat.
Ensuite y ajouter des piments, des morceaux de tomates et des oignons et y plonger les poissons.

L'embouchure du rio Welle dans la partie continentale fut longtemps le lieu d'embarquement des grumes.

LE RIO MUNI

C'est avec un chef ndowe, Bonkoro Ier, roi des Benga, que Juan José de Lerena y Bary négocia en 1843 un traité de soumission à l'Espagne des territoires compris entre le Rio Welle et le cap Santa Clara au Gabon.

Une terre fang et ndowe

Cette terre vouée à la forêt était originellement le territoire de chasse des Pygmées. Dès le XIIe siècle, elle a accueilli également, contrainte et forcée, les premiers peuples bantou : les Ndowe. Poussés vers la côte par la pression qu'exerçaient les communautés fang, ils furent les premiers à entrer en contact avec les Européens. Les Benga pour le compte des Hollandais, des Espagnols et des Anglais exercaient leurs talents d'intermédiaires dans le commerce de traite des esclaves.

Le territoire de 225 km de long sur 125 de largeur compris entre le Gabon et le Cameroun est en partie occupé par la grande forêt équatoriale. Seules quelques routes qui desservent les gros bourgs le traversent, fréquentées par les grumiers qui déversent leurs chargements aux abords de Bata.

bata

■ Lorsqu'ils vont à Bata, les Fang disent *mang*, qui signifie « mer ». Au début du XXe siècle, après avoir parcouru le Rio Muni, le capitaine français Cottes estimait que la France aurait dû garder Bata comme exutoire du Wolleu Ntem, dont le Rio Muni en est le prolongement. Mais l'histoire en a décidé autrement et, le 20 juillet 1901, à la suite du traité de Paris, les troupes françaises évacuèrent la ville, laissant une petite agglomération de sept factoreries, dont deux espagnoles, et les missionnaires du Saint-Esprit.

Comme l'écrit Max Liniger-Goumaz, « En 1907 Bata était un petit poste militaire et ne comptait que 237 habitants dont 37 Blancs (21 Espagnols, 9 Français, 4 Allemands et 3 Britanniques) ». De nombreuses sociétés commerciales avaient des factoreries et l'essentiel de l'activité depuis l'interdiction de la traite des esclaves était consacrée à l'exploitation forestière : ébène, okoumé, acajou.

En 1917, la défaite de l'Allemagne face à la France au Cameroun précipita au Rio Muni de nombreux forestiers allemands qui se lancèrent dans une exploitation désordonnée de la colonie.

La capitale économique

Vouée aux affaires, Bata était une ville cosmopolite. Son développement s'accéléra rapidement comme le démontre sa croissance démographique : le nombre d'Européens passa de 477 en 1942 à 1426 en 1960, la ville ne comptant à l'époque que 3548 habitants, un tiers de la population n'était pas africaine !

Aujourd'hui la ville s'affirme comme la capitale économique de la Guinée Equatoriale.

Bata porte aujourd'hui les stigmates des bouleversements politiques et sociaux qui ont marqué l'ex-colonie espagnole tout au long du XXe siècle. Çà et là, le paysage urbain en témoigne.

A une dizaine de kilomètres du centre-ville a été aménagé le *port*, véritable poumon, d'où les camions transportent du lever au coucher du soleil les grumes et autres bois débités.

C'est également le port d'attache du cargo de la Compagnie nationale équato-guinéenne, Magessa, qui assure le trafic maritime entre les deux principaux ports du pays : Bata et Malabo. Dans la zone portuaire sont implantées les entreprises de transformation du bois qui assurent la fabrication des déroulés pour l'exportation.

Le palais et le marché

L'entrée de la ville par le sud est marquée par le *palais Africa*, palais présidentiel de Bata, une imposante construction en forme de parallépipède.

L'urbanisation de Bata est relativement récente et l'essentiel des bâtiments sont postérieurs aux années 1950. Les constructions ont, comme à Malabo, un petit air andalou comme la poste située face aux bâtiments du ministère de l'Economie et de celui des Finances, bâtis sur le même modèle autour d'une place.

Autour de l'ancienne place de l'Horloge, rebaptisée *place de la Liberté* en souvenir du « coup de la Liberté » du 3 août 1979, se dressent de vieilles maisons coloniales à arcades et volets de bois. Au centre trône le monument érigé à la mémoire des soldats tombés lors du renversement de

La cathédrale de Bata, bâtie au XVIIe siècle, accueille la grand-messe du dimanche célébrée par l'évêque.

Macias Nguema. C'est en effet à Bata qu'on s'est battu, Malabo ayant échappé aux troubles.

A Bata, la population s'était enfuie dans la brousse laissant les soldats ralliés à Teodoro Obiang Nguema Masago se battre avec les troupes de Macias Nguema. Face au soldat de la Liberté a été érigée la stèle qui commémore la visite du pape Jean-Paul II, le 12 février 1982.

Derrière la place et l'immeuble de la BEAC (Banque des Etats d'Afrique centrale), sur la montée, se trouve le grand marché central. Dans les petits maquis cernés par les échoppes des tailleurs, coiffeurs et fripiers, on peut grignoter des plats de poissons, de viandes pour quelques francs CFA.

Sur l'autre flanc de la colline se trouve la cité de l'UDEAC, construite en 1986, lors du premier sommet, pour accueillir dans chacune des six villas, dénommées Gabon, Cameroun, Tchad, Guinée Equatoriale, République Centrafricaine, Congo, les chefs d'Etat ou de délégations lors des sommets de l'Union douanière des Etats d'Afrique centrale.

La Ferial des casetas

Chaque année, le 25 juillet, on fête le saint patron de Bata : Santiago Apostol (Saint Jacques). Jusqu'à l'Epiphanie, le 6 janvier, se dressent sur l'allée qui borde la mer, des petits kiosques en bois accolés les uns aux autres : les casetas. On y trouve la « caseta porte-bonheur », celle où on peut jouer et gagner au baby-foot ou au

LA CATHÉDRALE DE BATA

La cathédrale de Bata fut construite au XVIIe siècle. Après le grand essor des missions, de plus en plus d'habitants furent convertis à la religion catholique. En 1967, le Vatican élève les deux vicariats apostoliques de Guinée Equatoriale, Santa Isabel et Bata, au rang de diocèses. Fang Nzé Abuy devint évêque du Rio Muni. Les événements survenus quelques mois après l'indépendance sonnèrent le glas des Eglises chrétiennes, catholiques et protestantes. Un décret présidentiel de 1974 ordonnait aux prêtres de lire le message suivant avant chaque office : « Jamais sans Macias, toujours avec Macias. A bas le colonialisme et les ambitieux », en même temps qu'il imposait d'afficher le portrait du président dans toutes les églises. A Bata, le coup d'Etat de juin 1974, tenté par des prisonniers, pour la plupart politiques, aurait été, d'après le gouvernement, organisé par une équipe nommée « Cruzada de Liberacion de Guinea por Christo » (Croisade de libération de la Guinée par le Christ). Fin 1974, le Comité central du PUNT annonça l'interdiction de toute réunion, procession et cérémonie religieuse sur tout le territoire. La milice et les membres du Parti étaient invités à surveiller les activités « subversives » des missionnaires de tout bord.

billard, la « caseta-épicerie », avec buvette et restaurant... Jusque tard dans la nuit, sur fond de musique, les habitants de Bata s'installent sur les terrasses, mangent du poisson, de la viande grillée, des beignets et boivent de « la 33 », du gin local ou du vin rouge espagnol.

Un point de départ

Bata est un bon point de départ pour découvrir le pays en profondeur. A l'est se dresse la forêt équatoriale, fief des Fang Ntoumou et Fang Okak, peuples qui comptèrent longtemps parmi les plus grands sculpteurs d'Afrique noire.

Un long périple à Mongomo, jouxtant la frontière gabonaise, permet de découvrir au fil de la route les petits villages typiques de Guinée Equatoriale aux maisons colorées. Vers le sud, c'est le pays des Ndowe, peuple de la côte qui sont à la fois agriculteurs, pêcheurs et chasseurs.

Les Ndowe, peuple de l'eau

Ndowe est le nom donné au sens strict à toutes les populations parlant kombe : Benga, Bapuku, Balenke, Baseke, Bomudi. C'est-à-dire aux Bantou côtiers, improprement qualifiés de « *playeros* » (habitants de la plage). Les Ndowe peuvent être classés en deux ethnies : les Boumba (Benga et Bapuku), les Bongue (Kombe, Bomudi, Asangon, Buiko).

Ils seraient arrivés sur la côte

Les interventions que tenta dès 1973, le nonce apostolique venu tout spécialement de Yaoundé à Bata et Santa Isabel se soldèrent par un échec, hormis la libération de quelques prêtres incarcérés. En janvier 1976, les réunions religieuses furent interdites sur le plan privé.
L'autorisation personnelle de Macias Nguema étant dorénavant nécessaire pour le déplacement des prêtres et des pasteurs. En 1975, on fermait les écoles privées et les églises étaient désaffectées ou occupées par l'armée.
Après l'arrivée du président Obiang Nguema, la liberté de culte fut à nouveau instaurée et les églises réouvertes.
Aujourd'hui, la grand-messe du dimanche, célébrée par l'évêque de Bata dans la cathédrale, est un véritable spectacle. Toute l'assemblée exprime sa foi par des chants accompagnés d'instruments de musique africains traditionnels : balafon, tam-tams... Le service terminé, de grands cortèges s'organisent sur l'esplanade, jeunes filles en uniforme et femmes tenant un chasse-mouche défilent en chantant et en dansant, tandis que l'évêque et ses assesseurs transportent les objets du culte vers la sacristie.

L'archevêché d'Ebebiyin fut construit en pierres de taille dans le style andalou au milieu d'un très beau jardin aux allées pavées.

vers le XIIIe siècle après avoir séjourné sur l'Oubangui, où ils rencontrèrent des Fang.

L'organisation sociale des Ndowe comme celle des Fang a quatre étages : famille, village, lignage, clan ; leur alimentation est basée sur le manioc, la banane-plantain et le maïs.

Tout au bout de la piste Bata-Mbini, à l'embouchure de l'estuaire du rio Muni, on peut embarquer sur une pirogue et se rendre de Cogo aux îles Elobey.

De Bata également, on peut se rendre en car ferry (départ quotidien) ou par avion sur l'île de Bioko pour des randonnées sur les volcans éteints et pour visiter les cacaoyères.

(*renseignements pratiques p. 189*)

mbini

■ Longtemps appelé Benito, la ville porte le nom de Mbini depuis 1973. Depuis la nuit des temps, le site de Mbini, à l'embouchure du Rio Welle. aurait été occupé par des populations qui commandaient l'entrée de l'estuaire. C'est ce qu'affirment les anciens et ce à juste titre, car des fouilles archéologiques entreprises dans les années 1980 ont exhumé des vestiges du premier village de Mbini. Construit sur un petit mamelon dominant l'embouchure du Rio Welle, cet ancien village de banco recélait encore quelques tessons de céramique, datant de l'âge du fer.

A cette époque, les grandes migrations des Ndowe et des Fang n'avaient pas encore eu lieu, ce qui ne dissipe donc pas le mystère entourant ces peuples vivant sur la côte du Rio Muni.

Un ancien port grumier

Aujourd'hui, la ville de Mbini vit au ralenti. Les grands trains de bois qui acheminaient les grumes par flottage, où ils étaient sciés dans les factoreries installées sur les hauteurs de la ville, avant d'être expédiés vers l'Europe, ne descendent plus le fleuve. Les exploitants forestiers travaillant plus au nord, le bois est détourné du port de Mbini sur celui de Bata. L'apparence de cette ville d'un peu plus de 1000 habitants, qui a servi de base aux missionnaires presbytériens américains, en est affectée. Elle exhibe d'anciens pontons rouillés où achèvent de mourir quelques carcasses de navires envahies par le sable.

De Mbini, on se rend à Bata à 84 km au nord en traversant le Rio Welle, puis en empruntant une piste de latérite sur la rive droite.

(*renseignements pratiques p. 192*)

cogo

■ Cogo est située à 12 km de l'océan Atlantique sur la rive droite de l'estuaire du Rio Muni.

Sous le franquisme, la ville fut baptisée Puerto Iradier. Elle changera de nom en 1973 au moment de l'indépendance.

Pour se rendre à Cogo le plus rapide est de rallier Mbini, en passant par bac, l'estuaire du Rio Welle (Benito). Des camionnettes effectuent ce trajet, qui peut être très pittoresque.

La traversée du fleuve est également un moment haut en couleurs. Les femmes et les enfants montent à bord chargés de marchandises, paniers de poissons séchés, beignets, cages à poules et regagnent leurs villages. Pendant la traversée, les enfants proposent des gâteaux, des boissons aux passagers.

L'estuaire du Rio Muni

Une partie de la pénétration du continent se fit par le fleuve Rio Muni ; d'où le nom donné à la partie continentale du pays. Au XIXe siècle, des bateaux de plus de 600 tonnes remontaient jusqu'à 60 milles à l'intérieur des terres.

En 1837, le lieutenant de vaisseau français Bouet-Willemetz établit une base anti-esclavagiste sur les bord de l'estuaire. Mais ce sont les Portugais qui pénétrèrent les premiers dans cet estuaire du Rio Muni à la fin du XVe siècle, après avoir découvert l'île de Fernando Poo et le mont Cameroun.

Par sa situation géographique, Cogo était autrefois le meilleur port naturel du pays et c'est de là que s'embarquaient les bateaux

LE TEMPS DES EXPLORATEURS

■ *Avec le Rio Muni plus au sud, le Rio Welle fut un des grands axes de pénétration dans ce secteur de l'Afrique centrale où abordèrent d'abord les navigateurs portugais, puis les explorateurs décidés à se tailler un empire.*
L'Anglais Stanley, travaillant pour le compte du roi des Belges, Léopold II, se rendit plusieurs fois dans les îles de Bioko et de Corisco et remonta probablement une partie du Rio Welle qui traverse cette « région continentale » de la Guinée Equatoriale. A la même époque, c'est-à-dire à la fin du XIXe siècle, les explorateurs espagnols – Iradier, Montès de Oca et Ossorio – empruntent également cette voie, en partie navigable pour reconnaître les terres autrefois cédées par les Portugais à l'Espagne. Mais ils sont arrêtés sur le cours supérieur du Rio par les îles, les bancs de sable et les rapides qui en barrent la route. L'explorateur espagnol, Iradier a, quant à lui, marqué l'histoire en créant la Sociedad Viajera *(Société des voyages) après sa rencontre avec Stanley. Il parcourut également les îles Canaries, l'île de Bioko et celle de Corisco et il publia entre autres* Africa Tropical, *compilation d'un ouvrage de connaissances sur l'Afrique noire. D'un esprit inventif, il s'intéressa notamment à des systèmes d'impression de cartes géographiques et accessoires de photographies. Abandonné de tous, il mourut en 1911 à Madrid.*

La petite bourgade de Mbini est peuplée par les Ndowe, les « playeros » : les habitants de la plage.

niefang

des négriers, chargés du « bois d'ébène » arraché aux îles Corisco et Elobey, dernier centre de transit de millions d'Africains avant l'esclavage dans les plantations du Nouveau Monde.

Durant le XIXe siècle, de nombreuses factoreries traitaient le bois et le poisson.

La ville aujourd'hui vit principalement de la pêche. De chaque côté de la rue principale se dressent des échoppes, petits restaurants où on se délecte de délicieux poissons grillés. Plus haut se trouvent d'anciennes usines désaffectées.

(*renseignements pratiques p. 192*)

■ Niefang qui signifie « la limite » serait la porte d'entrée du pays fang qui s'étend à l'est du Rio Muni. A l'avènement du régime franquiste espagnol, la ville s'appellait Sevilla de Niefang.

La ville, traversée par le Rio Welle, tient son importance de sa position stratégique par rapport aux grands axes routiers du pays.

De Niefang on peut se rendre aux rapides Asia et Cuong sur le Rio Welle et partir à la découverte du « pays profond » des Fang.

De Niefang également, à 70 km à l'ouest de Bata, une première route file vers le nord vers Mikomeseng et Ebebiyin, en longeant la frontière camerounaise. Au carrefour de Noue, une branche part vers l'est et s'enfonce en pays fang ntoumou, via Anisok et Mongomo.

BALEINES ET FACTORERIES

■ *Avec la lutte anti-esclavagiste qui se développe au XIXe siècle, les trafiquants sont remplacés par des commerçants allemands, français, anglais et espagnols.*
Au fond de l'estuaire du Rio Muni, grande échancrure sur la côte d'Afrique, Cogo a tous les atouts pour devenir un port florissant et une base de pénétration européenne en Guinée Equatoriale.
Au XIXe siècle, des navires de 600 tonnes peuvent remonter les petits fleuves qui se jettent dans l'estuaire, en particulier l'Utamboni jusqu'à 60 milles en amont, ce qui leur permettaient de commercer avec tous les comptoirs et factoreries de la région.
On chassait même la baleine dans le Rio Muni, comme en témoigne l'explorateur français Du Chaillu qui assista à la prise d'une dizaine de cétacés.
La situation privilégiée de l'estuaire excita bien des convoitises auprès des puissances européennes désireuses de s'implanter en Afrique pour se tailler des empires coloniaux.

Toujours au départ de Niefang, une autre route nationale descend vers le sud à travers le pays fang Okak à travers le très pittoresque passage de la chaîne de montagnes de Niefang qui culmine aux monts Alen (1100 m) et Chocolate (1108 m). Une partie de ces sites a récemment été aménagée en parc national. C'est également sur cette zone que sont les plus importantes exploitations de bois.

La léproserie de Mikomeseng

Mikomeseng se situe au centre-nord de la région du Rio Muni, à la limite de la frontière camerounaise. La région est productrice de cacao et de café.

La léproserie installée en périphérie de la ville ainsi que les expérimentations menées dans le traitement de la lèpre, notamment avec l'huile de *Coloncba Welwitschi Gilg* ont largement contribué à la diminution de cette maladie dans la sous-région.

La lèpre semble originaire de l'Inde où elle est décrite dès le VIe siècle av. J.-C. De là elle s'étend à tout le Sud-Est asiatique et vers le Moyen-Orient, puis en Afrique. Ce sont les légions romaines d'abord, puis les Sarrasins et les Croisés qui la ramenèrent en Europe où elle fait des ravages jusqu'au XIIIe siècle. Depuis, elle y a fortement régressé, mais reste très répandue en Asie et en Afrique. Le bacille responsable de cette maladie fut découvert en 1873 par le médecin norvégien Hansen.

(*renseignements pratiques p. 193*)

Les Hollandais essayèrent de créer des bases de traite dès le XVIIe siècle profitant des guerres opposant l'Espagne au Portugal « propriétaires » à l'époque de toute la côte.
Puis les Espagnols obtinrent, sur le papier, ces possessions portugaises lors du traité du Pardo en 1778. Mais ils n'occupèrent guère ces lointains territoires avant le XIXe siècle.
Les Britanniques, sous prétexte de pourchasser les négriers sévissant dans le golfe de Guinée, en profitèrent pour mettre la main sur ces terres oubliées.
Il faut attendre l'expédition du commandant espagnol Lerena y Bary, en 1843, pour que le roi des Benga, Bonkoro Ier et plus de cinq cents chefs locaux cèdent à la reine d'Espagne, Isabelle II, toutes les terres, îles et îlots du golfe de Guinée, y compris l'estuaire du Rio Muni et la région de Cogo.

ESPECIES G
Aguila Coronada-Nduing (fang) Abayak (fang
Mono Obispo-Nsaha (fang) 5. Co

Quelques unes des espèces, que l'on trouve dans le parc de Monte Alen, peintes sur les murs du stade de Bata.

monte alen (parc national de)

■ Entre 300 et 1200 m d'altitude, sur la chaîne montagneuse de Niéfang, et à 50 km de l'Atlantique, la forêt dense et humide du parc national de Monte Alen couvre une superficie de 1600 km^2.

Le caractère très accidenté du terrain crée des paysages exceptionnels et notamment une série de chutes et de rapides spectaculaires sur les rivières Uoro et Lana.

La forêt de Monte Alen abrite une faune et une flore typiques de la forêt dense africaine avec des espèces caractéristiques de la zone guinéo-atlantique. Riche en végétaux de la famille des *Caesalpiniaceae*, elle offre une grande variété d'espèces.

Malgré la petite superficie du parc, plus de 105 espèces de mammifères y sont répertoriées, dont plus de 16 types de primates : 3 800 gorilles, 1 600 chimpanzés, ainsi que 2 300 espèces d'oiseaux, 65 de reptiles, 55 d'amphibiens et 65 espèces vivant en milieu aquatique. Plus de cinquante personnes travaillent sur le territoire du parc.

Face à l'exploitation forestière de plus en plus intense en Guinée Equatoriale, et après avoir pris conscience de l'importance de la conservation dans l'amélioration du patrimoine forestier du pays, le gouvernement a adopté en 1997 un projet de décret-loi accordant au parc national de Monte Alen une extension de 600 km^2 vers le sud, le reliant ainsi au parc national de Monte Mitra. Ce sont désormais 10 % du pays qui sont classés en zone protégée.

Le programme Ecofac

L'Afrique centrale recèle le deuxième massif forestier de la terre, après celui de l'Amazonie. D'une biodiversité sans équivalent, ses richesses restent encore très mal connues. Ressources importantes pour les hommes qui l'habitent ou la côtoient, la forêt exploitée rationnellement est un véritable facteur de développement. Elle forme un ensemble cohérent dont l'équilibre repose sur de multiples interdépendances entre les plantes et les animaux. Sans ces derniers, elle s'appauvrit faute de vecteurs de reproduction.

Le programme Ecofac allie deux notions fondamentales et complémentaires : la conservation et le développement. Il concrétise l'engagement de l'Union Européenne à assurer la sauvegarde et l'utilisation rationnelle des écosystèmes forestiers en Afrique centrale et associe étroitement les populations aux actions qu'il met en œuvre.

Au démarrage du programme, dans cette zone enclavée et dépourvue d'activités économiques, l'exploitation des ressources naturelles de la forêt représentait pour les populations la seule source de revenus ou de satisfaction de besoins prioritaires.

Aujourd'hui, des économats ont été mis en place dans les villages. Ils fournissent à moindre prix des produits de première nécessité (bougies, pétrole, allumettes...) et des aliments de base (sel, sucre, farine). Grâce à un fond de roulement apporté par la composante, chaque économat achète un stock de départ, que le produit de la vente permet de reconstituer.

Les infrastructures touristiques

Pour satisfaire aux besoins d'hébergement dans une région qui ne dispose pas d'infrastructures hôtelières, Ecofac a investi dans la construction d'un hôtel en périphérie du parc, et a mis en place en forêt des bivouacs et des circuits de randonnée. Outre le fait qu'elle s'autofinance, cette activité touristique assure une redistribution des revenus auprès des habitants sous forme de projets communautaires.

Sous la conduite d'un guide local et accompagné de spécialistes des primates, ECOFAC organise des circuits de 2 à 6 jours dans la zone protégée. Les « rencontres » avec les animaux ne sont bien évidemment pas garanties, mais, avec de la patience, de la persévérance et de la chance, on peut assister à de magnifiques scènes où des antilopes vont s'abreuver dans un marigot et des gorilles chercher leur nourriture. De toute façon, la balade à travers les gigantesques arbres, l'observation de la nature et les discussions avec les pisteurs sont déjà une merveilleuse aventure et un grand moment à vivre.

Les groupes de gorilles

Un suivi des groupes de gorilles est réalisé quotidiennement par les guides du parc. Les visites s'effectuent en suivant les dernières traces localisées la veille. Les probabilités d'observer un groupe sont donc assez bonnes.

A l'âge adulte – 9-10 ans –, les mâles peuvent atteindre 1,75 m et peser jusqu'à 200 kg. Les femelles sont plus petites et mesurent environ 1,40 m pour un peu moins de 100 kg. Vivant en groupes de trois ou quatre individus, les gorilles obéissent au plus vieux congénère : le mâle dominant.

Ils errent sans cesse à la recherche de nourriture à travers un domaine de 25 à 40 km^2. Si leur force colossale les protège de certains prédateurs comme la panthère, ils n'en sont pas moins très vulnérables et dépendent beaucoup de leur subsistance.

Etant végétariens, ils doivent absorber beaucoup de plantes d'une large variété dont la valeur calorifique et nutritive est très faible pour répondre aux besoins de leur corps imposant.

Les naturalistes distinguent deux races de gorilles : le gorille occidental ou « gorille des plaines » et le gorille des montagnes. Ce sont les premiers qui peuplent les forêts équato-guinéennes. Par rapport à leurs cousins d'Afrique orientale, ils ont en général un pelage plus court et d'une couleur brune ainsi que la tête basse.

Les autres habitants de la forêt

L'éléphant de la forêt est relativement commun, ses traces sont nombreuses et au gré de la marche dans la forêt, les rencontres sont probables, mais fugitives. Il est par instinct très méfiant de l'homme.

Le sitatunga est une très belle antilope vivant en milieu marécageux, on l'observe notamment aux abords du lac Atoc. Le mandrill est un singe très impressionnant, bien bâti. Les mâles ont des couleurs remarquables. Rarement observés en forêt marécageuse, on les rencontre lorsqu'ils se nourrissent au sol. Les mandrills vivent en assez grands groupes. On trouve d'autres petits primates comme le cercopithèque *Cercopithecus cephus*, et le colobe noir *Colobus satanas*.

Enfin, on peut voir la grenouille Goliath, plus gros des brataciens connus. Elle peut peser jusqu'à 4 kg et a la taille d'un ballon de football.

Ici les enfants passent des heures à reproduire les grumiers qu'ils voient défiler sur les routes.

evinayong

■ Evinayong est une petite agglomération de 4000 habitants située au pied du mont Chime. De par sa position géographique au centre du Rio Muni, elle fut pressentie durant la colonisation espagnole dans les année 1920, pour être la capitale du pays.

Lors de fêtes officielles ou civiles se produisent à Evinayong des danseurs fang qui miment une très ancienne danse guerrière : le « biben ».

Une ville-carrefour

La ville est située au centre-sud du Rio Muni au pied méridional du mont Chime. Important carrefour, elle se trouve sur la route de Bata-Akurenam qui mène à la frontière du Gabon et est reliée à la route Mongomo-Nsork par une transversale de plus de 100 km qui franchit d'innombrables petits cours d'eau et des villages en pleine forêt. C'est dans ce district, le plus grand du pays, qu'a été mis en place dans les années 1930 une station agronomique vouée à des cultures expérimentales.

A partir d'Evinayong

D'Evinayong, on peut programmer de nombreuses excursions dans le pays même, d'abord à Mongomo à l'est, fief des Fang Esangui ou vers le nord à Mikomeseng au cœur d'une région agricole de café et de cacao ; ou encore en passant le bac du fleuve Ntem, on peut se rendre à Ambam, Ebolowa et Yaoundé, au Cameroun.

JEUX D'ENFANTS

■ *Comme tous les enfants du monde, les petits Equato-Guinéens jouent. Les jeux de prédilection des garçons sont le foot, le baby foot ; et pour les filles la marelle.*
Mais il est un passe-temps qui semble faire l'unanimité : la construction de véhicules en bois.
Les enfants passent des heures à tailler, découper et polir le bois. En quelques heures ou quelques jours, ces bouts de bois vont immortaliser le jouet de leur rêve construit de leurs propres mains.
Derrière cette pièce unique, il y a aussi l'histoire qui a mûri dans leur tête... Beaucoup plus qu'un jouet, c'est un objet affectif que l'enfant possède.
Thomas, petit bonhomme de dix ans à peine conduit avec fierté sa superbe Mercedes. Véritable réplique du véhicule de la firme allemande, il dévale, courant à côté de son jouet, la rue principale d'Evinayong.
A Niefang, le véhicule construit par Pablo est un grumier avec son chargement de bois. Doucement il avance, mimant les difficultés des camions à traîner leur énorme chargement, l'engin s'essouffle, ronfle. Derrière lui, un nuage de poussière. Dans un énorme vacarme, il s'immobilise devant un petit maquis dressé en plein air. En riant, Pablo vient de vivre sa première expérience de conducteur de grumier.

mongomo

■ A une portée de flèche du Gabon, qui commence de l'autre côté du Rio Kie, nous sommes au cœur de la grande forêt équatoriale et du pays fang, ceux qui ont pénétré dans la forêt d'Afrique centrale dès le XIIe siècle.

A l'origine, éleveurs nomades, ils ont changé leur mode de vie contre celui d'agriculteurs et de chasseurs sédentaires après avoir défriché la forêt et ouvert des clairières pour y installer villages et plantations.

Mongomo se trouve au centre du pays fang qui occupe aujourd'hui le nord du Gabon, le Sud-Cameroun et la moitié nord du Rio Muni.

C'est surtout le berceau du clan fang des Esangui qui a donné à la république ses deux premiers présidents : Macias Nguema et Teodoro Obiang Nguema Mbasogo.

Grands sculpteurs sur bois, les Fang ont considérablement enrichi le patrimoine des grands musées mondiaux avec leurs masques et surtout les statuettes surmontant les boîtes-reliquaires servant au culte des ancêtres. Malheureusement, la disparition des rites animistes supplantés par le christianisme a provoqué la disparition des sculpteurs traditionnels.

Avant de quitter Mongomo, on se rendra au bord du Rio Kie, affluent du Ntem qui coule au Sud-Cameroun. Ici les lavandières s'occupent du linge en bavardant, tandis que les pêcheurs jettent leur ligne pour attraper des carpes et des capitaines d'eau douce... Plus loin, les enfants prennent leur bain en riant et en poussant de hauts cris.

LES POLYPHONIES PYGMÉES

■ *Sur les quelque 200 000 Pygmées qui survivent en Afrique centrale, une infime minorité sont encore de vrais nomades forestiers. Comme les Indiens d'Amazonie ou les Papous de Nouvelle-Guinée, ils sont parmi les derniers chasseurs-cueilleurs de la planète, les rescapés d'une préhistoire dont l'ethnologie et l'archéologie tentent d'analyser les rares traces pour comprendre les plus profonds mystères de l'évolution humaine.*

Les premiers témoignages sur les Pygmées remontent à l'Egypte antique : dès le XIIe siècle av. J.-C., les pharaons les faisaient capturer près des sources du Nil (sans doute les ancêtres des Twa du Rwanda) pour se régaler de leurs talents de chanteurs, de danseurs et de musiciens.

Aujourd'hui la chasse, la cueillette, la musique et la pêche rythment la vie des Pygmées, et même sédentarisés, ils ne renoncent pas aux bases de leur culture traditionnelle.

La musique fait partie intégrante de leur vie et elle demeure intacte et vivace. La polyphonie des Pygmées est parmi les plus riches et les plus savantes du monde. Elle repose sur des techniques vocales qui ont quasiment disparu partout ailleurs : le « yodel » qui consiste pour un soliste à alterner voix de poitrine et voix de tête.

Au nord, les Pygmées

Dans les forêts qui bordent l'estuaire du Rio Campo qui forme la frontière entre le Cameroun et la Guinée Equatoriale vivent de nombreux groupes de Pygmées.

Un peuple passionnant qui ne connaît ni la guerre ni la hiérarchie. Timides, mais très hospitaliers, les Pygmées recoivent volontiers les étrangers.

N'ayant jamais connu l'agriculture, ils tirent leurs ressources de la cueillette des fruits, racines et de la collecte du miel, ainsi que de la chasse où ils font preuve de beaucoup d'ingéniosité pour se mesurer aux buffles et aux éléphants de la forêt.

Nomades, les Pygmées ne s'encombrent pas de superflu et vivent dans des abris de feuillages, qu'ils quitteront pour aller plus loin avant d'avoir épuisé les richesses de la grande forêt qu'ils vénèrent comme une déesse. Ecologistes avant la lettre, ils ont un rapport très fort avec la nature.

Avec les autres populations de la Guinée Equatoriale, les Pygmées entretiennent quelques relations d'ordre commercial comme le troc de peaux, de la viande de brousse, du miel sauvage contre du tissu, du manioc et des outils. On les rencontre quelquefois à la lisière des forêts.

(*renseignements pratiques p.192*)

Le « hoquet » qui était à la base de la polyphonie du Moyen Age européen et qui permet d'improviser collectivement une mélodie, deux ou trois chanteurs se relayant pour interpréter les parties successives. Ils maîtrisent également la fugue et le contrepoint avec la même aisance que les plus grands virtuoses de la musique « écrite », s'accompagnant de la cithare, la harpe, les tambours.
En Europe, tous les grands compositeurs de la seconde moitié du XXe siècle ont écouté les Pygmées. Aux Etats-Unis, l'école répétitive des années 1960-70 (Philip Glas, Steve Reich, Terry Riley) s'est inspirée de toutes les musiques africaines, mais avant tout de celle des Pygmées. Et les plus grands improvisateurs de jazz moderne : Charlie Parker, John Coltrane, Eric Dolphy ont également écouté la musique pygmée.
Dans les années 1980, les Pygmées sont devenus des « superstars » sans le savoir et leurs enregistrements par des ethnomusicologues ont raflé tous les prix, figurant en tête des catalogues baptisés folkloriques, puis ethniques ou world music. *Des groupes comme Zap Mama ou Deep Forest ont su s'en inspirer et les exploiter jusqu'à entrer dans les « tops ». Au Japon la musique pygmée fait partie des programmes d'études des universités.*

La pointe de l'île de Corisco. C'est de là que les esclaves, razziés en Afrique centrale, embarquaient pour un voyage sans retour vers le Nouveau Monde.

corisco

LES ÎLES

■ L'île de Corisco est située à 16 milles de l'estuaire du Rio Muni. Elle fait environ 17 km^2 de superficie et 6100 m de circonférence. L'île compte aujourd'hui environ 150 habitants.

Corisco est le fief de l'ethnie benga. La beauté des femmes bengas étant légendaire, l'île porta pendant longtemps le nom d'« île de l'Amour ». D'ailleurs la quasi-totalité des habitants actuels sont des métis.

Les Portugais et les Hollandais se sont servis de Corisco comme dépôt d'esclaves à partir du XVe siècle : dès 1530, les Portugais pratiquent le commerce des esclaves dans l'île de Bioko et dans le Rio Muni. La plupart des Noirs transportés à Cuba viennent du Rio Muni. En 1642, les Hollandais succèdent aux Portugais.

Puis, en 1815, le congrès de Vienne promulgue la fin de la traite des Noirs. Malgré cela, les Espagnols continuent ce honteux trafic, d'où les représailles des Anglais en 1840 contre Corisco.

On trouve encore quelques vestiges des anciennes maisons coloniales. Il n'est pas rare que les habitants, en défrichant les champs retrouvent des colliers et des chaînes d'esclaves. En 1815, une mission protestante américaine s'installe à l'île de Corisco. Puis, en 1856 est fondée la première mission catholique.

Le commerce d'esclaves

Corisco fut l'égale de Gorée, petite île du Sénégal au large de Dakar, dans le sinistre commerce du « bois d'ébène ». Depuis le début du XVe siècle, les Portugais rassemblent dans les entrepôts de Corisco les Africains razziés au Cameroun, au Gabon et au Rio

Muni qui sont ensuite embarqués vers les plantations du Brésil, des Antilles et de l'Amérique du Nord.

Ce sont les Benga qui servaient d'intermédiaires (*midmen*) entre les royaumes d'Afrique centrale, qui rabattaient les esclaves, les Européens faisant la traite. Ils abandonnèrent rapidement leur mode de vie traditionnel pour celui des Européens, dont ils adoptèrent les vêtements, les maisons et la religion.

Ce fructueux trafic durait encore jusqu'au XIXe siècle, lorsque les escadres britanniques anti-esclavagistes, installées à Fernando Poo (actuelle Bioko) commencèrent à faire la chasse aux navires négriers. Bien que l'Espagne ait accepté de renoncer à la traite sur ses territoires dès 1871, le commerce persista bien au-delà, car les Espagnols vinrent en Afrique très tard se contentant auparavant de revendiquer sur le papier toutes les « propriétés de la Couronne ».

A plusieurs reprises, les Britanniques proposèrent de les leur racheter, mais devant un dernier refus de l'Espagne en 1840, la Grande-Bretagne prit prétexte de l'existence de bases de traites négrières à Corisco pour dévaster complètement l'île, y compris ses factoreries. Ce qui obligea les trafiquants d'esclaves à se replier sur le Gabon.

L'île de l'Amour

Peu élevée et recouverte de la forêt, Corisco possède plusieurs très belles plages de sable blond qui ne demandent qu'à être mises en valeur. Le plus grand problème à résoudre en demeure l'accès. L'île ne possédant pas de terrain d'aviation, il faut obligatoirement s'y rendre par bateau. De grandes pirogues à moteur partent de Cogo au bord de l'estuaire du Rio Muni et effectuent la traversée de 40 km en trois heures environ.

Bonkoro Ier, roi des Benga

C'est à Corisco que régna le roi des Benga, Bonkoro Ier. Il signa en 1843 un traité d'allégeance envers l'Espagne avec le commandant Lerena y Bary, qui lui cédait toutes ses terres comprises entre le rio Benito et le cap Santa Clara au Gabon, y compris les îles Elobey et Corisco. Au début du XIXe siècle, de nombreuses missions catholiques et protestantes s'étaient installées dans cette petite île de 14 km^2, où se développait également une intense activité commerciale et maritime.

Au XXe siècle, l'île entra en décadence et aujourd'hui, elle est relativement peu peuplée. La plupart de ses habitants sont des pêcheurs qui résident dans de petits villages.
(*renseignements pratiques p.193*)

annobon

■ « A la pêche à la baleine, à la pêche à la baleine, disait le père d'une voix courroucée à son fils Prosper, sous l'armoire allongé... » Le célèbre poème de Jacques Prévert aurait pu être écrit à Annobon, petite île de la Guinée Equatoriale qui s'est fait une spécialité depuis des siècles de la pêche aux gros cétacés.

La chasse à la baleine

Celle-ci était surtout pratiquée de manière artisanale. Les pêcheurs s'embarquaient à bord de frêles pirogues avec pour seule arme un harpon.

Un timbre édité par les Correros de Guinea Ecuatorial commémore leurs exploits : on y voit plusieurs pirogues au large d'Annobon cerner une baleine et les pêcheurs s'acharner sur les gros cétacés.

Repérées par les guetteurs postés sur l'île, les baleines étaient ensuite harponnées depuis les pirogues.

Chaque harpon était arrimé soit à l'embarcation, soit à de gros flotteurs visibles de très loin, offrant un moyen pratique d'attendre la fin de l'agonie du cétacé et d'éviter les redoutables coups de queue de la bête blessée. Celle-ci pouvant se débattre pendant des heures en grande profondeur et remonter en surface pour mourir d'épuisement ou sous les coups des sagaies.

Ces gros mammifères marins sont des rorquals, le plus gros et le plus grand des animaux vivants sur la planète. Ils peuvent mesurer jusqu'à 30 mètres de long et peser jusqu'à 130 tonnes. Aujourd'hui un plan de protection visant à protéger cette espèce, les Annabonais doivent se contenter de la petite pêche et de l'agriculture.

La plage de sable blond de Corisco que l'on rejoint en pirogue depuis Cogo.

L'île de la « bonne année »

Grande comme un mouchoir de poche, 6 km de long sur 2 km de large, Annobon est un gros caillou basaltique qui émerge de l'océan d'à peine 17 km^2. Dominée par quatre sommets aux pentes abruptes, dont les Picos de Mazefin (831 m) et de Foga (600 m), l'île doit son nom aux navigateurs portugais João de Santarem et Pedro de Escobar qui la découvrirent un premier janvier en 1471 ou 1472.

Tout heureux d'approcher une terre aussi loin des côtes africaines (300 km du Gabon), ils se souhaitèrent chaleureusement la bonne année en portugais « *anno bom* » et décidèrent d'appeler ainsi cette nouvelle terre qui devint au fil des temps Annobon.

Au cours des siècles, elle s'est maigrement peuplée de migrants venus d'Angola ou d'autres îles du golfe de Guinée, comme São Tomé, Principe, ainsi que de Bubi de l'île de Bioko.

Le farouche attachement des Annabonais à leur insularité tient certainement à leur isolement.

Bien que celle-ci ne possède pas d'importantes richesses, de nombreuses puissances européennes ont tenté d'y jeter leur dévolu, comme l'Espagne et la Hollande. Mais à chaque débarquement sur l'île, ils furent repoussés *manu militari* par la population. C'est ainsi que le comte espagnol d'Arjepelos venu revendiquer la propriété de l'île au nom de l'Espagne, y aurait trouvé la mort.

Un roi pittoresque

Les tentatives de colonisation et d'évangélisation échouant tour à tour, l'île demeura plus ou moins abandonnée à son sort. Aussi les Annabonais se donnèrent-ils plusieurs rois au cours de l'histoire, dont King Tom qui régna au début du XIXe siècle, personnage pittoresque dont les navigateurs approchant les côtes d'Annobon pour commercer ont laissé le portrait haut en couleurs d'un vieil homme très porté sur la bouteille.

Depuis le village de Pale, principale agglomération tout au nord de l'île, on peut organiser plusieurs excursions, dont la principale sera l'ascension du Monte Santiago, ancien volcan recelant un lac de cratère : le Lago a Pot.

Mais l'île d'Annobon est difficile d'accès du fait de son éloignement du Rio Muni et de l'île de Bioko : 600 km. Il n'existe pas d'aéroport sur ce piton basaltique, et seuls des cargos de marchandise le desservent.

elobey

■ Emergeant dans le vaste estuaire du Rio Muni, les îles Elobey ne sont guère plus grandes qu'un mouchoir de poche et ont une superficie de 2,46 km². Pour cette raison, elles auraient pu conserver le nom d'« îles-moustiques ».

Ces deux petits points à peine perceptibles sur une carte de l'Afrique centrale sont situés sur le Ier parallèle au nord de l'Equateur à moins de 10 km du Gabon.

Petites de taille mais d'une grande importance stratégique, ces îles commandaient dans ce secteur les voies de pénétration à l'intérieur du continent africain, l'estuaire qui s'ouvre devant elles recevant les eaux d'une bonne douzaine de petits fleuves. Ainsi, le Rio Utamboni qui forme une partie de la frontière entre la Guinée Equatoriale et le Gabon.

Cette position explique vraisemblablement pourquoi ces deux îles furent très anciennement peuplées. Des archéologues y ont exhumé une petite hache de grès préhistorique, ainsi que de nombreux tessons de poterie décorés de la période du néolithique.

Peuplées de Benga appartenant au peuple ndowe qui occupe toute la côte du Rio Muni et les îles, les Elobey furent disputées par les Européens qui colonisèrent la région.

Des îles très disputées … et abandonnées

Les Portugais en prirent possession dès le XVe siècle et les cédèrent aux Espagnols à la fin du XVIIIe siècle, ainsi que la plupart de leurs possessions dans le golfe de Guinée.

Le désintérêt de l'Espagne à l'égard de ces territoires permit à d'autres Européens comme les Allemands, les Britanniques, les Français et les Hollandais d'y installer des factoreries et des centres de rassemblement d'esclaves razziés au Rio Muni.

Au XIXe siècle, l'Espagne se réveille et cherche à récupérer ses terres d'Afrique. Elle envoie en 1843 le commandant Juan José de Lerena y Bary négocier la soumission des chefs africains de la région et passer un traité d'allégeance envers l'Espagne avec le roi benga Bonkoro Ier, qui règne sur une grande partie du Rio Muni et des îles. Ces traités furent difficiles à reconnaître pour les Anglais, les Allemands et les Français, car ils ne furent pas suivis tout de suite par une présence effective des Espagnols sur le terrain. Ainsi, la France par exemple qui s'était implantée au Gabon, revendiqua longtemps la propriété de ces îles et du Rio Muni, jusqu'au traité de Paris signé avec l'Espagne en 1900.

Activités en sommeil

Aujourd'hui, les habitants des Elobey ont beaucoup perdu de leur ancienne splendeur : Elobey Chico est complétement désertée. Une abondante végétation équatoriale a entièrement envahi les vestiges des anciennes factoreries allemandes, françaises et britanniques, de même que les casernes, les écoles, ainsi que l'ancien siège du sous-gouvernement espagnol du district du sud du Rio Muni.

Tout à côté, Elobey Grande conserve un poignée d'habitants, essentiellement des pêcheurs qui vivent dans le petit village de Mbelobi. Ici encore, l'activité est en sommeil depuis la fermeture des factoreries et des missions chrétiennes.

(*renseignements pratiques p. 191*)

renseignements pratiques

ILE DE BIOKO

Malabo

SITUATION ET ACCÈS : Capitale de la Guinée Equatoriale, elle est située au nord de l'île au bord de l'océan Atlantique. A 9 km au nord-ouest de Rebola, 19 km à l'ouest de Baney, 68 km au nord de Riaba et 76 km au nord-est de Luba.

LIAISONS AÉRIENNES : Par avion, l'aéroport international est à 7 km à l'ouest de Malabo.
Camair. Tél. 9 21 34
Iberia. Tél. 9 31 61
Air Afrique. Tél. 9 15 09
Swissair. Tél. 9 52 80
EGA. Tél. 9 44 97
Geasa. Tél. 9 41 28
Coage. Tél.9 16 79
Air Gabon. Tél. 9 52 80
Hispanair. Tél. 9 51 15

LIAISONS MARITIMES : Par bateau depuis Bata. Se renseigner au port pour connaître les jours de départ et les fréquences.

HÉBERGEMENT :
Hôtel Ureca, route de l'aéroport. 28 chambres climatisées, bar, piscine, tennis. Tél. 9 33 19.
Hôtel Impala, calle Enrique nvo. 20 appartements
Tél. 9 24 92.
Hôtel Bahia, calle Argelia, 16 chambres, bar, piscine.
Hôtel Morenita, calle Naciones Unidas. Tél. 9 10 26.

RESTAURANTS / BARS :
El Barim : Avda. de la Independencia. Tél. 9 36 51. Spécialités de tapas.
Club Nautico, Puerto Viejo. Tél. 9 26 41. Spécialités de poissons et de fruits de mer. Située sur l'ancien port, la terrasse offre une belle vue sur la baie.
Mesa Verde. Tél. : 9 31 85. Très beau panorama également sur la baie de Malabo. Cuisine européenne.
Pizza Palace, Avda. de la Independencia. Tél. 9 34 50. Pizzas, tapas, petits déjeuners continentaux.

DISCOTHÈQUES :
Bantu. Tél. 9 23 00. Musique africaine : soukouss, bikoussi, et salsa antillaise.
Candy. Tél. 9 20 93. Musique anglo-saxonne.
Sport. Tél. : 9 12 96. Musique anglo-saxonne.
Bar Chapas. Tél. 9 41 52. Piano-bar.

URGENCES :
Hôpital Roja Malabo.
Tél. 9 23 98.
Hôpital régional. Tél. 9 20 41.
Policia Centrale. Tél. 9 27 79.
Farmacia Centrale. Tél. 9 21 16.
Farmacia Los Angeles.
Tél. 9 48 78.

Baney

SITUATION ET ACCÈS : au nord-est de l'île de Bioko, à 19 km de Malabo et à 10 km de Rebola. A 71 km de Luba et à 59 km de Riaba.

HÉBERGEMENT ET RESTAURATION : pas d'hôtel ni de restaurant.

Luba

Nom d'un ancien chef bubi. Avant l'indépendance, Luba s'appelait San Carlos.

SITUATION ET ACCÈS :
A 52 km au sud-ouest de Malabo par une excellente route goudronnée.

Pages précédentes : *Derrière la végétation, apparaît le Pico Basile auréolé de nuages dominant l'île de Bioko.*

un hôtel, le *San Carlos*, petite restauration assurée.

Moca

Nom d'un ancien chef bubi.

SITUATION ET ACCÈS : en montagne, au sud de l'île de Bioko, à 76 km de Malabo et à 37 km de Riaba et 31 km de Luba.

HÉBERGEMENT ET RESTAURATION : pas d'hôtel ni de restaurant ; il faut loger chez l'habitant.

Pico Basile

SITUATION ET ACCÈS : au nord de l'île de Malabo, dominant la capitale Malabo. Bonne route goudronnée jusqu'à Montes de Oca, au-delà de Rebola, puis piste très escarpée qui monte au sommet du Pico.

HÉBERGEMENT ET RESTAURATION : il n'y a rien sur place.

Rebola

SITUATION ET ACCÈS : au nord de l'île de Bioko, à 9 km de Malabo par une excellente route goudronnée. A 10 km de Baney et à 59 km de Riaba.

HÉBERGEMENT ET RESTAURATION : à Malabo toute proche.

Riaba

Nouveau nom de Concepcion.

SITUATION ET ACCÈS : au sud-est de l'île Bioko et à 68 km au sud de la capitale Malabo, par une excellente route de ceinture goudronnée. A 37 km à l'est de Luba et à 37 km au nord-est de Moca.

HÉBERGEMENT ET RESTAURATION : Riaba ne compte aucun hôtel ni restaurant.

Ureka

SITUATION ET ACCÈS : aucune route ne mène à cette localité bubi de l'extrémité sud de l'île de Bioko. A une quinzaine de kilomètres au sud de Moca par des sentiers de chèvre ou à une cinquantaine de kilomètres de Luba sur la côte ouest de l'île de Bioko par bateau.

HÉBERGEMENT ET RESTAURATION : il n'y a pas d'hôtel ni de restaurant. Il faut venir à Ureka avec ses vivres et son matériel de camping.

LE RIO MUNI

Bata

Le mot Bata signifie « mer ».

SITUATION ET ACCÈS : au bord de l'océan Atlantique. A 200 km environ au sud-est de Malabo. A 147 km au nord de Cogo, à 81 km au nord de Mbini, à 228 km à l'ouest de Mongomo.

HÉBERGEMENT : *Hôtel Panafrica* (30 ch. climatisées, bar, restaurant, discothèque).
Hôtel Continental (12 ch.).
Hôtel Central (6 ch.).
Appartements-hôtels : *Nnaag Afang* (12 ch., bar). *Finistère* (6 ch.).
RESTAURANTS : *Nnom Abong*. Cuisine africaine, beaucoup de poissons : capitaine, tilapia, tortue ; igname, banane plantain bouillie.
Corisco. Maquis où l'on peut déguster de la viande de brousse (antilope, pangolin, singe...).
Bueno Ayres.
Bar Central. Pizzas, viandes grillées.

GUINÉE ÉQUATORIALE

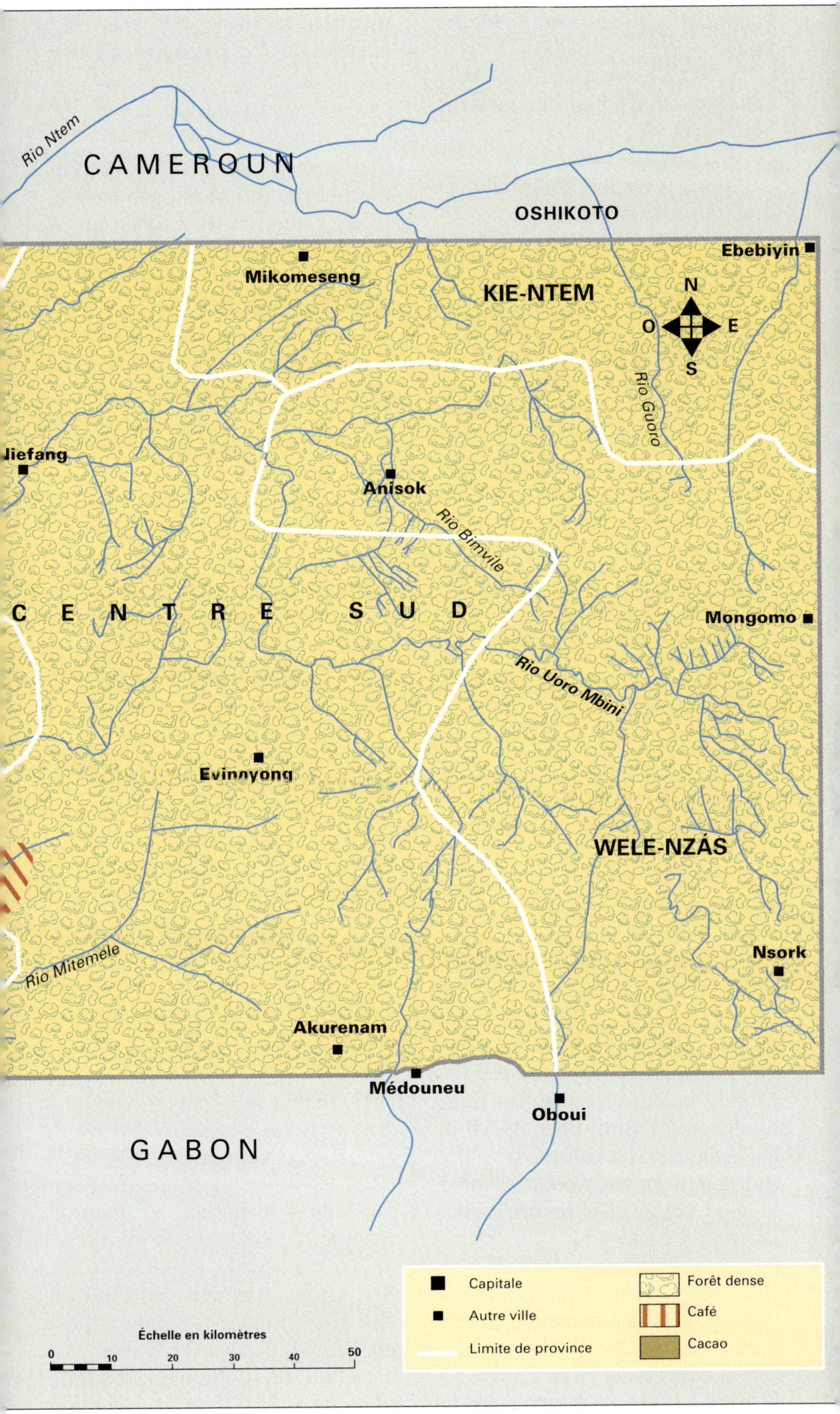
Rio Ntem
CAMEROUN
OSHIKOTO
Ebebiyin
Mikomeseng
KIE-NTEM
N
O
E
S
Rio Guoro
Niefang
Anisok
Rio Bimvile
C E N T R E S U D
Mongomo
Rio Uoro Mbini
Evinayong
WELE-NZÁS
Nsork
Rio Mitemele
Akurenam
Médouneu
Oboui
GABON
Capitale
Autre ville
Limite de province
Forêt dense
Café
Cacao
Échelle en kilomètres
0
10
20
30
40
50

Cafetaria Matrioska. Pizzas, tapas.

LOISIRS : tennis, bains de mer, discothèques.

CULTURE : Institut culturel d'expression française

Anisok

Du fang « a-ni » : il entre, et « nsok » : l'éléphant.

SITUATION ET ACCÈS : au nord-est du Rio Muni, à 147 km à l'est de Bata et à 81 km à l'ouest de Mongomo par une bonne route goudronnée.

HÉBERGEMENT ET RESTAURATION : petite case de passage et quelques maquis.

LOISIRS : excursions dans la région.

Cogo

Du fang « Kogo » : le perroquet.

SITUATION ET ACCÈS :ville-frontière tout au sud-ouest de la région continentale de la Guinée Equatoriale, au bord de l'estuaire du Rio Muni en face du Gabon. A 65 km au sud de Mbini, à 147 km au sud de Bata et à 200 km au sud-ouest de Niefang. Piste de Bata à Mbini ; bac traverser le Rio Benito, devant M'Bini. Piste de Mbini à Asalayeng (taxi-brousse). Bac (pirogue à moteur) pour traverser le Rio Congue et se rendre d'Asalayeng à Cogo.

HÉBERGEMENT ET RESTAURATION : petits hôtels-campements et gargotes.

LOISIRS : pêche et promenades en mer pour les plages de Punat Yeke et celles des îles Corisco et Elobey.

Ebebiyin

SITUATION ET ACCÈS : aux confins nord-est du Rio Muni, à la frontière du Gabon et du Cameroun. A 227 km à l'est de Bata, 157 km à l'est de Niefang et à 80 km au nord de Mongomo.

HÉBERGEMENT ET RESTAURATION : petits hôtels et restaurants.

Mbini

Remplace depuis 1973 l'ancien nom de Rio Benito.

SITUATION ET ACCÈS : à 81 km au sud de Bata, par la piste et le bac sur le Rio Benito. Au bord de l'océan Atlantique et de l'estuaire du Rio Benito.

HÉBERGEMENT ET RESTAURATION : pas d'hôtel (il faut aller à Bata, au nord pour en trouver) Petits restaurants, maquis près de l'embarcadère.

Mikomeseng

ACCÈS : 2 routes principales latériques conduisent à Mikomeseng située à 228 km de Bata :
- de Ebebiying (96 km) ;
- de Niéfang (61 km).

Mongomo

Du fang « mangomo » : pain de manioc.

SITUATION ET ACCÈS : au bord du Rio Kie formant frontière à l'est du Rio Muni avec le Gabon. Au carrefour des routes menant à Bata (228 km), à l'ouest, à Ebebiyin

(228 km), à l'ouest, à Ebebiyin (80 km) au nord et à Nsork (67 km) au sud.
Mongomo est desservie par une très bonne route goudronnée qui traverse tout le Rio Muni d'est en ouest, jusqu'à Bata, sur la côte Atlantique, via Anisok (81 km) et Niefang (158 km).

HÉBERGEMENT ET RESTAURATION : un hôtel dans le quartier du lycée.

LOISIRS : excursions en pays Fang.

Niefang

Son nom signifie « limite du pays fang ».

SITUATION ET ACCÈS : au centre du Rio Muni, à 70 km à l'est de Bata, à 158 km à l'ouest de Mongomo, à 157 km au sud-ouest d'Ebebiyin et à 1321 km au nord d'Akurenam et à 71 km au sud d'Evinayong.

HÉBERGEMENT ET RESTAURATION : petits campements/ hôtels et maquis.

Nsork

SITUATION ET ACCÈS : au sud-est du Rio Muni, à 295 km au sud-est de Bata et à 67 km de Mongomo, par la route et la piste.

HÉBERGEMENT ET RESTAURATION : petits campements-hôtels.

LES ÎLES

Corisco

Nom « l'éclair d'orage » en portugais.
Autrefois appelée « l'île de l'amour ».

SITUATION ET ACCÈS : à une quarantaine de kilomètres, dans l'océan Atlantique au sud-ouest de Cogo, dans l'estuaire du Rio Muni.
Par hélicoptère de Bata (20 minutes) ; en bateau à moteur de Cogo (3 heures) et de Libreville (30 minutes) ; par pirogue en location à partir de Cogo.

HÉBERGEMENT ET RESTAURATION : il n'y a pas d'hôtels à Corisco. Logement possible chez l'habitant.

LOISIRS : promenades en bateau, plages, plongée, promenades à pied dans l'île.

Elobey Grande et Elobey Chico

Du benga « eloba », nom d'un arbre de la région. Appelée autrefois : les îles Moustiques.

SITUATION ET ACCÈS : à une vingtaine de kilomètres de Cogo, au débouché de l'estuaire du Rio Muni. A 4 km à l'ouest de la côte du Gabon et à 20 km au nord-est de l'île de Corisco. Pirogues à moteur en locations à Cogo.

HÉBERGEMENT ET RESTAURATION : il n'y a pas d'hôtel ni de restaurant aux Elobey, mais à Cogo dans l'estuaire du Rio Muni.

LOISIRS : belles plages dans les îles, plongée, promenades en pirogues et pêche.

le voyage

aller en guinée équatoriale

Par avion

La Guinée Equatoriale est desservie par six compagnies aériennes :

– *Air Afrique*.

« Air Afrique continue là où les autres s'arrêtent. »

La compagnie dessert Malabo une fois par semaine, le lundi, au départ d'Abidjan ou de Cotonou. Au départ de Paris, vol quotidien sur Abidjan.

Réservations à Paris : 01 44 21 32 32/01 44 21 33 33.

A Malabo : Edifio Jardin, place du 3 août. Tél : (240) 9 24 92.

A Abidjan. Tél : (225) 20 30 00.

A Cotonou. Tél : (229) 31 10 10.

– *Camair*. Tél. 9 21 34 : deux vols par semaine de Paris avec une escale à Douala.

– *Iberia*. Tél. 9 31 61 : deux vols par semaine au départ de Madrid.

– *Swissair*. Tél. 9 52 80 : un vol par semaine au départ de Zurich.

– *Air Gabon*. Tél. 9 52 80 : un vol par semaine au départ de Paris avec une escale à Libreville.

– *Hispanair*. Tél. 9 51 15 : un vol par semaine au départ de Madrid.

L'aéroport de Malabo est situé à 7 km de la capitale ; celui de Bata à 10 km.

Par bateau

Il semble difficile d'aller en Guinée Equatoriale en bateau depuis l'Europe, du moins à bord d'un paquebot. Depuis l'Espagne, il est possible d'embarquer un véhicule sur un cargo.

Par la route

On peut se rendre en Guinée Equatoriale, plus précisément au Rio Muni, par la route depuis le Gabon ou le Cameroun.

Circuler à l'intérieur du pays

– *Par avion* : Trois compagnies aériennes font la liaison entre Bata et Malabo à raison d'un vol quotidien.

– EGA. Tél. 9 44 97.

– GEASA. Tél. 9 41 28.

– COAGE. Tél. 9 16 79.

– *Par bateau* : Pour voyager en bateau entre Bata et Malabo, il faut emprunter le bateau de la Compagnie maritime nationale *Amgesa* qui assure une traversée de nuit d'une dizaine d'heures entre les deux villes.

Pour se rendre sur l'île d'Annobon, il faut également se renseigner auprès de cette compagnie.

Pour aller sur les îles Corisco et aux Elobey, nous vous recommandons de louer les services d'un pêcheur qui possède une pirogue à moteur.

– *Par route* :

A Malabo où les distances sont très courtes, on se déplace en ville facilement à pied ou en taxi pour la modique somme forfaitaire de 500 F CFA (5 FF).

A Bata, les distances étant plus longues, il est possible de louer un taxi pour quelques heures pour 3500-5000 F CFA (35-50 FF).

Quand à l'intérieur de la partie continentale – le Rio Muni –, il faut nécessairement trouver une voiture en bon état avec chauffeur. Il n'existe pas pour l'instant d'agence de location de voiture en Guinée Equatoriale. Les grands axes routiers sont goudronnés et en très bon état. Les pistes qui traversent les villages sont en latérite et difficiles durant les grandes pluies. Il est préférable d'avoir un véhicule tout-terrain. Sur l'île de Bioko, la route qui mène à Luba est goudronnée, les autres sont des pistes et nécessitent également un 4X4.

Pages précédentes : *La zone maritime de la Guinée Equatoriale couvre plus de 300 000 km².*

Où se renseigner ?

Les agences de voyages ne programment pas encore cette destination. Le plus simple pour avoir des renseignements avant le départ est de prendre contact avec l'ambassade de Guinée Equatoriale en France :

6 rue Alfred de Vigny,
75008 Paris.
Tél. 01 47 66 44 33.

Les formalités d'entrée

Pour se rendre en Guinée Equatoriale, il faut se munir d'un visa. Il est délivré à l'ambassade en 48 heures à Paris moyennant 400 FF.

Santé

La vaccination anti-amarile (fièvre jaune) est exigée à l'entrée dans le pays.

Pour se faire vacciner contre la fièvre jaune :

- à Paris : renseignements sur le répondeur d'Air France :
Tél. 01 41 56 66 00.
- à l'aéroport de Roissy : centre Charles de Gaulle :
Tél. 08 36 68 63 64.

Climat

Le pays se trouve tout près de l'Equateur. Le climat est de type forestier équatorial, chaud et humide, avec une grande saison des pluies, plus importante sur l'île de Bioko que sur la partie continentale.

La température varie selon les saisons entre 25 et 35 °C. Les pluies sont de l'ordre de 1,7 à 4 mètres par an.

Il n'y a pas en conséquence de meilleure saison pour visiter la Guinée Equatoriale, la chaleur étant très supportable. La saison des pluies est différente s'il s'agit de la partie insulaire ou la partie continentale.

La monnaie

La monnaie en cours est le franc CFA. 100 F CFA = 1 FF.

On ne peut régler ses achats ni son séjour avec un chéquier français ou une carte de crédit. En revanche, les francs français sont acceptés partout.

La vie quotidienne

Les administrations et les bureaux sont ouverts de 8 h-8 h 30 jusqu'à 15 h 30 du lundi au vendredi inclus.

Les Equato-Guinéens vivent et mangent au « rythme espagnol » surtout dans les deux grandes villes, Bata et Malabo. Le repas de midi n'est pas copieux et on se contente souvent de tapas, de fruits. Le soir, les habitants dînent tard, vers 21 h-22 heures.

Même si le pourboire n'est pas « obligatoire », vous laisserez un billet ou une pièce au porteur de bagages, à votre chauffeur d'une journée ou au serveur du restaurant.

Ici aussi le marchandage est de rigueur pour acheter un souvenir dans une boutique ou sur le marché où vous pourrez acheter des tissus, des cassettes de musique africaine : bikoussi ou soukouss, des cuillers et bols en bois ou des copies de statuettes fang.

Ne pas oublier que même si la Guinée Equatoriale a un petit air « espagnol », nous sommes en Afrique et qu'il faut à ce sujet res-

OCÉAN
ATLANTIQUE
Rio Campo
Yengüe
Macbra
Rio Campo
Nco
Ayamiken
Rio Mbia
Ncombia
Monte Bata
Mongo
Niefang
Bata
Mindyiminve
Monts Allen
1100m
Rio Ekuke
Efulah
Makomo
Mont Chocolate
1100m
Manyanga
Rio Benito
Mbini
Semye
Ecuc
Bitika
Mont Mitra
1200m
Oveng
Rio Congû
Etembue
Bangui
Bonobono
Michobo
Cabo
San
Juan
Acayalong
Cogo
Dyeng
Calatrava
Muni
Akanabob
Rio
Rio Mitong
îles Elobey
Asobla
île Corisco
GABON
Échelle en kilomètres
0
10
20
30
40
50

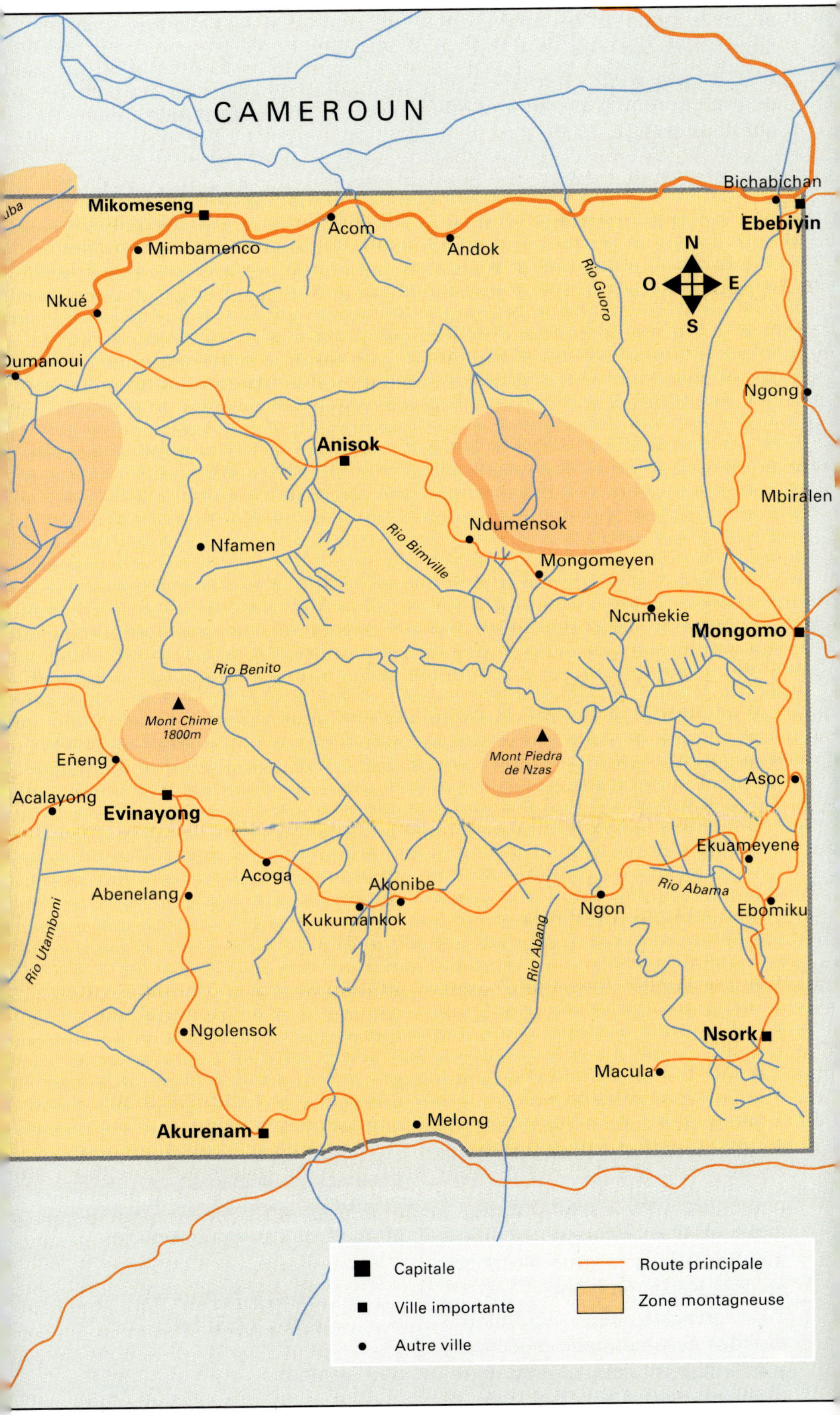
CAMEROUN
Mikomeseng
Mimbamenco
Acom
Andok
Bichabichan
Ebebiyin
N
O
E
S
Rio Guoro
Nkué
Dumanoui
Ngong
Anisok
Mbiralen
Ndumensok
Nfamen
Rio Bimville
Mongomeyen
Ncumekie
Mongomo
Rio Benito
Mont Chime 1800m
Mont Piedra de Nzas
Eñeng
Acalayong
Evinayong
Asoc
Ekuameyene
Acoga
Akonibe
Abenelang
Kukumankok
Ngon
Rio Abama
Ebomiku
Rio Utamboni
Rio Abang
Ngolensok
Nsork
Macula
Akurenam
Melong
Capitale
Ville importante
Autre ville
Route principale
Zone montagneuse

pecter le mode de vie de ses habitants : ne pas être trop pressé, prendre son temps, écouter avant de parler, remercier de l'accueil qui vous est fait.

Hôtels et restaurants

Il existe peu d'hôtels et de restaurants à Bata et Malabo. En province, hormis dans les grandes villes, il est difficile de trouver un hébergement.

Au niveau de la restauration, il faut nécessairement manger dans les maquis locaux, où du reste on trouve de très bons plats à des prix plus que raisonnables (souvent des viandes, du poisson et de l'igname bouillis et aromatisés pour 500 à 1000 F CFA). Ou bien se contenter de fruits (papayes, bananes, mangues, ananas) qu'on achète sur le bord des routes.

Il est préférable de boire de l'eau minérale en bouteille, y compris dans les hôtels. Les coupures d'électricité étant fréquentes, se munir de lampes de poche.

Communiquer et téléphoner

La langue officielle de la Guinée Equatoriale est l'espagnol, mais presque partout, le français est pratiqué.

L'indicatif du pays est le 240.

– Le réseau téléphonique :

Le réseau téléphonique fonctionne très bien depuis l'installation de GETESA. Il existe des cabines téléphoniques qui fonctionnent à cartes, dans les principales villes et joindre Paris et le reste du monde ne pose pas de problème.

Le réseau des téléphones mobiles ne fonctionne pas encore conformément aux normes européennes, mais d'ici l'an 2000, le réseau GSM devrait être opérationnel.

S'informer

– Presse et livres :

Il n'y a pas de presse en Guinée Equatoriale, hormis une publication de la coopération espagnole qui est plus une « revue de presse » qu'un hebdomadaire d'informations : *La Gazetta.*

Faute de distributeur, il est impossible de se procurer la presse étrangère.

Les livres sur la Guinée Equatoriale sont plus que rares. Il existe un ouvrage écrit par le professeur Max Liniger-Goumaz, *La Guinée Equatoriale*, paru aux éditions de L'Harmattan dans les années 1980. Ainsi qu'une publication en espagnol, par le ministère d'Etat chargé des Missions, sur le processus de démocratisation de la Guinée Equatoriale. On peut se le procurer à Bata et à Malabo, ainsi qu'à l'ambassade de Guinée Equatoriale.

– Radios et télévision :

-*Radio Africa* : musique et programmes religieux en anglais. Apdo 851, Malabo.

– *Radio Malabo* : programmes français et espagnols. Informations générales, variétés européennes et musique traditionnelle, bikoussi, soukouss.

– *Radio nationale de Guinée Equatoriale* : programmes en anglais et en français.

– *Télévision nationale* : programmes en anglais et en français. Feuilletons anglo-saxons, films européens et informations nationales.

Jours fériés et fêtes officielles

-1er janvier.

-5 mars : jour de l'Indépendance.

-1er mai : fête du Travail.
-25 mai : Journée de l'OUA.
-3 août : commémoration du « coup de la Liberté ».
-10 décembre : jour des Droits de l'Homme.
-25 décembre : Noël.

Banques et divers

– *Banque des Etats de l'Afrique centrale* (BEAC), Apdo 510. Malabo. Tél. 9 20 10, fax : 9 20 06.

– *Banco Internacional para Africa Occidental y de la Guinea Ecuatorial*, 6 calle de Argelia, Apdo 686, Malabo. Tél: 9 28 87, fax 9 27 42.

– *Société Générale de Banques en Guinée Equatoriale* :
à Malabo : tél. 9 33 37, fax 9 33 36. à Bata : tél. 8 27 21, fax 8 27 20.

– *Chambre de Commerce* : Camara de Comercio Agricola y Forestal de Malabo, Apdo 51. Tél. 9 15 1.

Représentations diplomatiques

– *Ambassade du Cameroun* : 37 calle Rey Boncore, Apdo 292, Malabo. Tél. et fax. 9 23 64.

– *Ambassade de France* : Carretera del Aeropuerto, Apdo 326. Malabo. Tél. : 9 20 05.

– *Ambassade du Gabon* : Apdo 648, Douala Malabo. Tél. : 9 4 20.

– *Ambassade du Nigeria* : 4 Pasea de los Cocoteros, Apdo 78, Malabo. Tél. 9 23 86.

– *Ambassade de Russie* : Malabo.

– *Ambassade d'Espagne* : Parque de las Avenidas de Africa, Malabo. Tél. 9 20 20, fax 9 26 11.

Voir et écouter

On trouve de très bonnes cassettes de musique africaine sur les marchés de Bata et de Malabo, mais pas encore de CD. La musique locale est très vivante et très gaie, mêlant le bikoussi, la musique traditionnelle, à écouter au Bantu à Malabo ou dans les maquis où il peut y avoir des improvisations, à des accents venus du fleuve Zaïre ou des Caraïbes.

Cultes religieux

Eglise catholique :
-*Bishop's Conference*, Arzobispado, Apdo 106, Malabo. Tél. 9 29 09.
-*Archbishop de Malabo*, Most Rev. Ildefonso Obama Obono, Apdo 106. Malabo. Tél. 9 29 09.

Les messes ont lieu le dimanche à 10 h et 12 h. Les Equato-Guinéens viennent nombreux assister au culte dominical et c'est une foule bigarrée et chaleureuse qui reprend en chœur les chants liturgiques. Aux vêpres le soir à 17 h, la ferveur est identique.

Culte protestant :
-*Iglesia Reformada Evangelica de Guinea Ecuatorial*, Apdo 195. Malabo.

Sports

On peut pratiquer le tennis sur les terrains des *hôtels Ureka* à Malabo et *Panafrica* à Bata. La natation et la pêche en mer. La randonnée pédestre sur l'île de Bioko à la Grande Caldeira, au Pico Basile, Ureca, aux cascades de Moca et dans la province du Rio Muni, enfin au Monte Alen avec le programme Ecofac.

Fleurons de l'hôtellerie équato-guinéenne, en haut : l'hôtel Bahia, en bas : l'hôtel Ureca, tous deux à Malabo.

*Représentation de sortie de masque d'initiation fang,
lors du congrès de la CEMAC.*

index

Cet index comprend les sites, cours d'eau, régions faisant l'objet d'une description. Ceux qui justifie une rubrique particulière sont indiqués en **gras**.

REPÈRES CHRONOLOGIQUES

• 1200-1300 : Arrivée probable des premiers Fang au Rio Muni.
• 1469-1474 : Explorations de la baie du Biafra par Lope Gonsalvez et Fernando Poo, navigateurs portugais.
• 1471 : Découverte d'Annobon par les Portugais.
• 1472 : Découverte de l'île de Fernando Poo, future Bioko.
• 1641 : Les Hollandais établissent un contrôle sur Fernando Poo.
• 1740 : Les Portugais reprennent le contrôle de Fernando Poo.
• 1777 : Traité de San Ildefonso entre l'Espagne et le Portugal.
• 1778 : Traité du Pardo. L'Espagne reçoit du Portugal les droits sur Annobon, Fernando Poo et la côte du golfe de Guinée.
• 1856 : Fondation d'une mission catholique.
• 1858 : Premier acte organique pour la Guinée Espagnole promulgué par le ministre de l'Outre-Mer espagnol.
• 1866 : Importation de plants de caféiers et de cacaoyers à Fernando Poo.
• 1886 : L'Espagne réclame l'ensemble des terres entre la côte du golfe de Guinée et l'Oubangui.
• 1900 : Le traité de Paris est signé le 27 juin, après plusieurs mois de négociations entre l'Espagne et la France, qui fixe les frontières définitives de la Guinée Espagnole.
• 1903 : Création du Patronato de Indigenas *afin de développer « la moralité et la culture », ainsi que leur adhésion à l'Espagne.*
• 1959 : Fernando Poo et le Rio Muni sont déclarés provinces espagnoles.

• *1964 : Elections pour les conseils municipaux. Chaque province est dotée d'un gouverneur civil.*
• *1968 : Constitution approuvée par le peuple le 11 août. Elections parlementaires et présidentielles en septembre. Macias Nguema annonce le premier gouvernement de l'Indépendance. Proclamation de l'indépendance le 12 octobre.*
• *1973 : Nouvelle constitution.*
• *1979 : Le 3 août, un conseil militaire destitue Macias Nguema. Le 12 octobre, onzième anniversaire de l'indépendance, Teodoro Obiang Nguema prête serment comme Président et proclame une amnistie pour les réfugiés.*
• *1982 : Référendum sur la Loi fondamentale.*
• *1983 : Adhésion de la Guinée Equatoriale à la CEAC et à L'UDEAC. Elections législatives.*
• *1985 : Entrée de la Guinée Equatoriale dans la zone franc.*
• *1989 : Réélection d'Obiang Nguema Mbasogo.*
• *1991 : Instauration du suffrage universel.*
• *1993 : Signature d'un pacte national multipartiste.*
• *1994 : Mise en place d'un programme d'ajustement économique et de réforme approuvé par le FMI.*
• *1996 : Teodoro Obiang Nguema Mbasago est réélu avec 97% des suffrages exprimés.*
• *1998 : Nouvelle Assemblée nationale de 80 députés.*
• *1999 : 7 mars, élections législatives. Victoire au Parti démocratique de Guinée Equatoriale (PDGE, au pouvoir), auquel sont revenus 75 sièges. Deux partis d'opposition sont représentés à la Chambre : La Convergence pour la démocratie sociale (CPDS) et l'Union populaire (UP). 23 juin, sommet de la CEMAC.*

Pages 206-207 : *Importante ressource pour les habitants, la pêche se pratique en mer ou dans les nombreux rios du pays, ici le rio Welle (ou Benito).*